観光の地政学

Jean-Michel Hoerner
Géopolitique du tourisme

ジャン=ミシェル・エルナー[著]
米浪信男[訳]

同文舘出版

Géopolitique du tourisme by Jean-Michel HOERNER
Copyright© ARMAND-COLIN, Paris, 2008
ARMAND-COLIN is a trademark of DUNOD Éditeur – 5, rue Laromiguiere – 75005 PARIS

Japanese translation rights arranged with
Dunod Éditeur S.A.
through Japan UNI Agency, Inc., Tokyo

訳者まえがき

　本書はJean-Michel Hoerner（2008），*Géopolitique du tourisme*, Paris, Armand Colin, pp.200の全訳である。著者のジャン＝ミシェル・エルナーは、フランス南部のピレネーゾリアンタール県にあるペルピニャン大学の「スポーツ、観光、国際ホテル経営」学部の地政学・観光教授である。著者の本書以外の著作については、「参考文献」171～172ページを参照いただきたい。なお、Jean-Michel Hoerner & Catherine Sicart（2003），*La science du tourisme, Précis franco-anglais de tourismologie*, Baixas, Balzac éditeurについては、訳者の書評『経済文化研究所年報』（神戸国際大学）第24号、2015年4月、35～39ページそして本書刊行後に出版されたJean-Michel Hoerner（2010），*Le tourisme dans la mondialisation-Les mutations de l'industrie touristique*, Paris, L'Harmattanの訳者の書評は、拙著（2012）『現代観光コメンタール』同文舘出版、64～69ページを参照いただきたい。

　本書は著者が提唱した観光科学（観光学）に立脚した観光の地政学である。観光学（本書第2章「第3段階の意図：観光科学の貢献」66～71ページ参照）は、社会科学と人文科学を結合したものであり、とくに観光産業の枠組みのなかでの活動を研究する目的をもつ学際的科学である。そのため、本書では社会科学（経済学、経営学、政治学など）と人文科学（哲学、文学、言語学など）の専門用語を多数使用しており、内容が複雑になっている。地政学は「国家や民族の形成とその発展にとって、地理的位置、地理的環境が重要な意味を持つとして、その分析から将来の発展方向や外交政策の方針を引きだそうとする研究」（木村靖二；廣松渉ほか編（1998）『岩波　哲学・思想事典』岩波書店、1,066ページ、傍点－米浪）であり、「もっぱら国境や資源、モノやヒトの流れ、領土、アイデンティティなどに焦点を当てる学問」（クラウス・ドッズ著、野田牧人訳（2012）『地政学とは何か』NTT出版、7ページ、傍点－米浪）である。欧米では近年、地政学の著作は多数出版されているものの、観光の問題に関心をもっていない。一方、観光研究者は、観光の問題に地政学的視角からアプローチすることはなかった。本書は、北の先進国の観光客による南の新興国

への社会的・経済的侵略と結びついた植民地主義、マスツーリズムにおける富める国の中産階級の役割、グローバル化の進展と観光産業の動向などの観光を巡る諸問題の地政学的分析を試みたユニークな書物であり、イヴ・ラコストの指導の下での地政学展望叢書の1冊である。

　著者は本書でフランス語とそれ以外の外国語を多数使用しているが、訳書であるため、必要でない限り、本文中に外国語を表記しないようにした。訳注と索引には外国語を表記しているので、フランス語、その他の外国語を知る読者は、ご参照いただきたい。本書は著者が提唱した観光学への理解がなければ観光の地政学を理解することはできないという難しさはあるが、読者は本書のなかで著者の卓見に遭遇し、目から鱗が落ちる思いがするであろう。

　専門書の訳書の出版事情が厳しい中、同文舘出版株式会社の中島治久社長は本書の出版をお引き受けいただき、編集局・専門書編集部の大関温子氏には前著（2012）『現代観光コメンタール』に続き、企画段階から出版にいたるまで有益なアドバイスをいただいたことに感謝の意を表したい。

　本書は神戸国際大学学術研究会の出版助成を受けて刊行された。出版の機会を与えていただいたことに感謝の意を表したい。

2015年5月

　　　　　　　　　　　　　　　　　　　　　　　　　　　　米浪信男

観光の地政学・目次

訳者まえがき ……………………………………………………………………… i
図表一覧 …………………………………………………………………………… v
コラム一覧 ………………………………………………………………………… vi

序 文 なぜ観光の地政学か？ …………………………………… 3
　国際観光の植民地主義者の移動 ……………………………………………… 5
　観光の背景との関連での戦争 ………………………………………………… 8
　「快活な人間」：中産階級のマスツーリズム ……………………………… 12
　観光、とくに国際観光の空間的全体の構成 ………………………………… 16
　第1段階の意図 ………………………………………………………………… 19

第1章 国際観光の議論の発展 ………………………………… 21
　外国人と同一視される観光客 ………………………………………………… 21
　8億5,000万人の国際観光客とその他の観光客 …………………………… 25
　観光移動 ………………………………………………………………………… 33
　「文明の衝突」 ………………………………………………………………… 36
　モロッコの例 …………………………………………………………………… 42
　第2段階の意図 ………………………………………………………………… 46

第2章 観光客の集団表象 ………………………………………… 49
　古代から資本主義の誕生へ …………………………………………………… 50
　18世紀と19世紀のエリート主義の復活 …………………………………… 53
　20世紀における観光と自由時間の結合 …………………………………… 58
　文化とマスツーリズム ………………………………………………………… 62
　第3段階の意図：観光科学の貢献 …………………………………………… 66

第3章 観光産業とグローバル化 ……………………………… 73
　ドイツにおける2006年サッカーワールドカップの例 …………………… 74
　なぜ観光は産業なのか？ ……………………………………………………… 77
　航空部門の主要な役割 ………………………………………………………… 79

旅行産業の複雑性 ………………………………………………… 87
　　観光産業の先兵であるホテル業 ………………………………… 91
　　第4段階の意図 …………………………………………………… 96

第4章　観光の経済発展戦略 …………………………………… 99
　　「観光生産物」概念の妥当性 …………………………………… 100
　　金融グローバル化における観光産業 …………………………… 104
　　職業の熟練の機会 ………………………………………………… 109
　　ホテルマネジメントの一般的展開 ……………………………… 111
　　エリート主義の観光の展望 ……………………………………… 116
　　第5段階の意図 …………………………………………………… 117

第5章　「専属観光」から持続可能な観光へ ………………… 119
　　北の企業の遍在 …………………………………………………… 120
　　持続可能な観光の原則 …………………………………………… 123
　　リスク管理 ………………………………………………………… 128
　　南アジアの津波に関して ………………………………………… 134
　　第6段階の意図 …………………………………………………… 138

第6章　観光地の戦略的役割 …………………………………… 139
　　観光地域から観光地へ …………………………………………… 140
　　観光地の誕生と選択 ……………………………………………… 145
　　リゾートの発展要因 ……………………………………………… 148
　　いくつかのリゾートに関して… ………………………………… 151
　　観光開発 …………………………………………………………… 156
　　第7段階の意図 …………………………………………………… 164

むすび　観光、発展の要因 …………………………………………… 165
参考文献 ………………………………………………………………… 169
事項索引 ………………………………………………………………… 175
人名索引 ………………………………………………………………… 180
地名索引 ………………………………………………………………… 183

iv

図表一覧

図1 パリ地域に居住する家族の6等級の観光距離の構成と
　　観光産業全体との交わり ………………………………………………… *17*

図2 500万人以上の国際観光客受け入れ国（2003年）（世界観光機関規準：
　　1泊以上の観光客）……………………………………………… *26〜27*

図3 出稼ぎ収入（送金額）と国際観光の重要性 ……………………… *34〜35*

図4 イスラム世界と百万人単位で表した到着数による国際観光 ……………… *39*

図5 モロッコとイスラムの地中海での国際観光（2003年）………………… *44*

図6 観光のグローバル化：国際観光客到着数（100万人以上）、
　　国際観光収入（10億ドル以上）および主要な観光地域 ……………… *70〜71*

図7 アライアンス（航空連合）加盟航空会社と国際観光 ……………… *82〜83*

図8 フランスの主要空港と輸送量に占める格安航空会社のシェア（2005年）…… *85*

図9 10万室以上のホテルを備えている国（2001年）………………………… *92*

図10 多額の国際観光収入を有する国 ………………………………………… *121*

図11 観光地の地政学的システム ……………………………………………… *143*

図12 マラケシュの観光センター ……………………………………………… *155*

図13 ラングドック・ルシヨンの沿岸開発 …………………………………… *159*

表1 地域別国際観光客到着数……………………………………………………*6*

表2 大きい国内観光のほかに利益を得ている13カ国の国際観光客到着数と
　　国際観光収入 …………………………………………………………… *28*

表3 1995年から2020年の国際観光客到着数の将来展望 …………………… *29*

表4 1990年以降のグローバル化の影響 ……………………………………… *69*

表5 滞在期間と価格による9タイプの滞在生産物の組み合わせ ……………… *103*

v

コラム一覧

南	5
フランス左翼の批判	24〜25
世界観光機関（OMT）	31
キューバの例	36
テロ	40〜41
モロッコの「ブルー・プラン」	43
温泉利用への賛辞	51
資本主義と観光の間の歴史的結びつき	52〜53
イギリスの金利生活者	55〜56
トマス・クック	57〜58
「新しい考え方」	61
フヌイヤール一族	64
古代ギリシアのアゴーン（懸賞競技会）のスポーツまたは遺物	75〜76
資本主義的産業と労働	78〜79
アライアンス（航空連合）	81
格安航空会社	84
グローバル流通システム（GDS）	86
アメリカン・エキスプレス	88
フランスの旅行代理店	90
主要な統合チェーン	94
アコーグループ	95
定義と新しい概念	100〜101
滞在生産物	102〜103
アコーグループの選択	105〜106
センダントグループ	107
テタンジェ社の売却	108
生産性の重要さ	109

管理されたホテル ……………………………………………………………… *112〜113*
会社の外部化 …………………………………………………………………… *113〜114*
ハイクラスのホテル経営 ……………………………………………………… *116〜117*
北の独占 ………………………………………………………………………… *122〜123*
持続可能な観光の指標 ………………………………………………………… *124〜125*
持続可能な観光の文化 ………………………………………………………………… *128*
航空輸送においてとられる安全対策 ………………………………………………… *132*
2004年12月26日の津波 ……………………………………………………………… *135*
観光地のシステム ……………………………………………………………… *141〜142*
ホテル観光機能指数（IFTH） ……………………………………………………… *144*
観光地の世代 …………………………………………………………………… *145〜146*
リゾートの４類型 ……………………………………………………………… *147〜148*
顧客のカテゴリー ………………………………………………………………………… *149*
マラケシュ（モロッコ）の例 ………………………………………………… *153〜156*
ラシーヌ・ミッション ………………………………………………………… *157〜158*
自然環境の保全 …………………………………………………………………………… *161*
世界観光機関の勧告 ……………………………………………………………………… *163*

観光の地政学

凡　例

（1）　原注は ）、訳注は（　）で示し、脚注に記した。
（2）　短い注は割注として本文中の〔　〕内に記した。
（3）　本文中には、必要な場合を除き、できるだけ外国語を表記しないようにし、注と索引で記すことにした。
（4）　事項、人名、地名の表記は、ほぼ慣用に従って表記した。

序 文

なぜ観光の地政学か？

　地政学と観光は、おそらく矛盾する2つの用語である。イヴ・ラコストによれば、地政学という用語は、「実際は権力または領土やそこに住んでいる人々への影響の敵対関係に関わるすべてのことを意味する」[1]。一方、世界観光機関によると、観光は「休暇、ビジネスまたはその他の動機のため、1年を超えない連続した期間中に居住環境の外の場所に旅行し、滞在する活動と理解する」[2]。並列するのが難しいこれらの2つの注釈は、それでも「観光化する」ときにそこに住んでいる人々とそこを訪問する人々の間で少なくとも敵対関係を引き起こすことがある領土を想起する。しかしながら、われわれは第2の定義がたんに一種の状態[3]を表しているだけなのに対して、第1の定義は科学と関係があることを悔やんでいる。それはたぶんなぜ観光が地政学的な強い関心から大きく隔たっているように思われるかを説明する主要な理由である。ただこの活動分野を考慮に入れる代わりに、もし地政学が旅行者や観光産業の施設のところへ移動する人々の支出を伴う観光科学の対象になるとすれば話は別である。ところで、領土に精力を注ぐ観光客の一時的な移動と結びついたこれらの商人の活動の大部分は、「権力または影響の敵対関係」をもっと読む価値がありそうである。観光客はとりわけサービスの形態のもとでは、観光生産物を買うことで満足しないが、地方の住民たちと同じように第2の祖国の領土を共有することを望むであろうということは、同じようにイメージすることができるであろう。このケースにおいては、われわれは経済的、社会的空間を共有することと結びついた地政学的関係をより良く認識するであろう。とくに、緊張を避け、些細なことすべてを無視して確固たる秩序を行き渡らせようとしている世界観光機関の定義は、それゆえ不十分なものになるであろう。

---

1) Yves Lacoste, *Géopolitique, la longue histoire d'aujourd'hui*, Paris, Larousse, 2006.
2) OMT, *Concepts, définitions et classifications des statistiques du tourisme*, Madrid, 1995.
3) habitus：基礎知識を直接把握する方法。

だからこそわれわれは観光をその発展に好都合どころではない現象から遠ざける意志に責任のあることを認める限りにおいて、前述の世界観光機関の概念をより良く評価するために観光科学（第1、3、4章参照）を創出した。イヴ・ラコストの書物の第1ページを参照すると十分である。そこでは彼は「9月11日の攻撃は、アメリカ人には1941年の真珠湾への日本の急襲と同じように認識されている」[4]と主張しており、ドイツの哲学者であるペーター・スローターダイクの次の考察への現実的な国際的地政学のこの根拠と混同している。「突然の近隣への侵入はアメリカにとって最もショッキングな大事件になる。（なにしろ）敵は観光客と見せかけてやって来るので。敵対する隣国は観光客のように見え、観光客は悪い顔つきになる。それ以降、普通の国家と文明国家の間の移行のすべてのヨーロッパ的な概念、（すなわち）戦争の代理を再考しなければならない」[5]。われわれは非常に誇張されているとしてそのような意図を判断することができるが、そこではたとえば本当の戦争（アフガニスタンとイラク）を始動させることができ、たぶん植民地的な、いやむしろ一時的な性格での仕事の駒となる新しいタイプの戦争の兵隊である何百万人もの観光客の役割ともなりうる。

　今日まで、地政学のいかなる著作もまったく観光の問題に関心を持っていない。観光は人文科学、社会科学すべての分野の部分に属するとはいえ、それは一般的な経済学的考察にせよ、信用することができない想像の世界のアプローチにおいてにせよ含まれている。しかし、われわれはそれがもっと徹底的な考察に値するということを示す野心を持っている。われわれは疑問を研究し、危機管理に甘い観光やホテル業の職業に属する学生は育成しないということはその通りである。観光旅行はわれわれの大学内でけなされて、あまりにも低く評価されていないだろうか？　しかし、もしわれわれがこの学問（またはこの科学）がその他のものと同じくらい考察する権利があり、それによって同じくわれわれが観光旅行をすることができる地政学的認識を正当化することを証明しようとすれば、そこで修正するのがふさわしい。

---

4) Yves Lacoste, *op.cit.*
5) Peter Sloterdijk, in Alain Finkielkraut et Peter Sloterdijk, *Les Battements du monde*, Paris, Pauvert/Fayard, 2003.

国際観光の植民地主義者の移動

　まず第1に、観光は観光産業、すなわち旅行、宿泊または観光地の組織、観光客のとりわけ国際的流動、外国人観光客と来訪人口の間の入り混じっている状態、旅行に関する人類学的含意に関する考察を取り扱う旅行用雑のうのように思われる。もしこれらすべての分野がある地政学に属するということを言わないとすれば、それはすでにわれわれすべての注意を必要とするにちがいない南（コラム参照）に滞在する全体で2億人以上の観光客である。そのうえ、現象の大きさは、いずれにせよ、その発展の強い基盤として観光活動を考えている多くの新興国の戦略と結びついている。

南

　社会主義ブロックの実際の消滅以降、「第三世界」という用語はもはや歴史的性格を持たなくなった。なるほど、「低開発国」という表現は、まだ意味を持っているが、富める国と常に定期的に維持している広大な世界との間での支配関係を持ち続けるために、そしてかつてはかなり貧しかったある国の発生にもかかわらず、平常は北は南と対立している。拡大によって、旧東の国々は南に加えられる（たとえば、フランス語圏の大学機関によって使用された概念）。ところで、欧州連合へのそれらの統合は、トランプの札を配ることを変え、それゆえに時にはそれらの目的に対して「偽の南」を想起させる。

　国際観光はグローバル化とともに発展してきており、われわれはポール・クラヴァルに従って、1990年に「ブロックの崩壊（と）壁の瓦解」[6]と結びつけることができる。しかしながら、この地理学者は1995年で1億5,000万人以上、すなわち南─北の移民労働者の50倍以上になる多数の南の国々への入国の増大には一度も言及していない。フロンティアの開拓、自由な資本流通、航空規制

6）Paul Claval, *Géopolitique et géostratégie*, Paris, Nathan, 1994.

表1　地域別国際観光客到着数

(単位：100万人)

地域別＼年別	1970年	1995年	2003年	(2010年)
ヨーロッパ	117	336	382	(527)
アメリカ	38	110	112	(190)
東アジア／太平洋	5	81	110	(195)
アフリカ	3	20	28	(47)
南アジア／中東	3	18	51	(47)？
合　計	166	565	683	(1006)

(資料)　Maison de la France et OMT.

緩和そしてますます遠方の目的地の魅力は、この変化を説明する（**表1**）。これらのデータは、もちろん信用できない。そのうえ、同一地域に何度も訪問することができる観光客の数のうちに組織的に吸収されない到着が問題である。

　1970年と1995年の間の到着者数の途方もない増加は、南の全体よりもとりわけハンガリー、ポーランド、ウクライナ、チェコ共和国、そして当然ロシアのような旧東側諸国に有利に働いている。この後者について、そしてアメリカを考慮に入れないで、われわれは1970年から1995年まで39％、そして1995年から2003年まで7％の毎年の増加を確認している。1990年末に表明した南アジアととりわけ中東（トルコ、エジプトおよび湾岸諸国）の2010年の展望は、データが正当化されていない低下を予想した戦争状態にもかかわらず、この後者の地区における実際の発展を考慮していない。すなわち、世界観光機関[7]によると、そこでは2020年には8,800万人の到着数を数えることになるだろうか？　北アメリカと西ヨーロッパは、それほど速くは発展しないのに対して、南は2003年には2億3,000万人以上、全体の1／3以上を受け入れるであろう（2010年には約50％の予想）。

　観光の最初の地政学的証明は、一時的滞在が問題であるとはいえ、南から北に定着した約2億人の移民に近い観光の北―南の移動の流れに関わりがある。なるほど、現象は非常に異なるがこの比較はむだではない。しかし、一方で観

---

7 ）OMT, Tourisme, *horizon 2020*, Madrid, 1999.

光客はもしある人たちが永住するとしても（モロッコの場合）、かつては限られた滞在をし、他方で観光客は彼らの受け入れを促進するためのイニシアティブを増大させる受け入れ国によって必要とされるから、そこで一種の新植民地主義を見るのは賢明ではないだろう。それでもやはり結果は複雑であり、いつも積極的であるとは限らないし、ともかく、そこでは彼らの日常生活において来訪される住民や構築中の経済に影響することなく何百万人もの外国人観光客の入り込みはなかなか想像することができない。そこで、次のような多数のイメージが現れる。すなわち、裕福な、または彼らの優位をたんに見せびらかすだけの観光客に接近する貧しい人々、結果として恥になる金もうけになる市場から利益を得るより貧しい人々の売春や時には小児性愛をする人々、伝統的雇用の悪化と観光の糧から利益を得ることを望む労働者のよく見られる失望、出現しつつある地方の中産階級を犠牲にした不動産の高騰、消費の生産物の特徴に持ち込まれたインフレーションの効果、最後に被訪問国は彼らの人々と同時に心を売るという感情である。

　モロッコ在住の良い観察者であるミムン・ヒラリは、「観光は新植民地的運動と同一視する危険がある」[8]と主張することをためらわない。彼の観察を問題にすることなく、われわれは用語の妥当性にもかかわらず、言及された新植民地主義は適合しないと考える。われわれが示しているように、観光産業は「独立に至る旧植民地に経済的支配を押し付ける植民地主義の新しい形態」[9]に類似しているが、この従属の現実は古典的なモデルを復興するものではないであろう。実際、これらの散発的な移住の動きのプレグナンツ[1]を意味するための言葉を考え出さなければならない。それは、人々が彼らの余暇を組織する可能性があるとして考察する顧客によって大量に訪問される限りにおける規則である。ある地域または国は、他のものとしては機能しないで、遊び、余暇そして楽しみの広大な土地に帰せられる。常に、富める国々のただ中で、一群の観

---

8) Mimoun Hillali, *Le Tourisme international vu du Sud*, Presses de l'Université du Québec, 2003.
9) Dictionnaire, *Le Petit Robert*.
(1) 知覚された像などが最も単純で安定した形にまとまろうとする傾向（ゲシュタルト心理学の用語）（小学館ロベール仏和大辞典編集委員会編（1988）『小学館ロベール仏和大辞典』小学館、1926ページ＜以下、R.1926ページと略す＞）。

光客は悪く感じるが、潜在的な観光客である彼らの住民は彼らの遺産を称賛し、結局、同じ生活様式を共有する外国人に喜んで入ることを許す。南では話は全く別である。最も貧しい人々は見せびらかしの屈辱には耐えられないし、地方の中産階級は、彼らの適切な経済領域における競争をあきらめる。

「バカンスの植民地」という古い表現の着想を得て、19世紀のフランスによるアルジェリアの征服の時期に使用された言葉の最初の感覚を取り戻させることなく、われわれは植民地主義という用語を使用するのは穏当であると判断する。観光客は、いくつかの種類において、国際的な観光産業が南の国々に、さらに全国的な専門家の側に大量に投資するだけでなく、北が同様にその顧客を輸出する限りにおいて、新しいスタイルの植民者である。これらの条件において、いわゆる南は、支出が考えられる最良のサービスを要求し、訪問される住民が一身を捧げると見て、彼らは支払った消費者であるから、同じように恩義があると考える北の観光客にとっては一種の楽園になる。当然、状況は召使いのような満足感を与える下男に関して優越感の感情を破廉恥にも見せびらかしているので、心性の面ではあまりよくない。フィリップ・ミュレイの注のように、「観光のニヒリズムは、交際を望まないし、あらゆる罰を受けないで移動することができることを通して病的な新たな楽園の設立を望む」[10]。

観光の背景との関連での戦争

前述のスローターダイクの言葉は、過小評価してはいけない影響力を持っている。われわれは一方がしばしば他方を巻き込む多くの内戦や国際的紛争を知っており、その種類が無限であると考えることができる。ちょうど近代の戦争のなかには、観光概念の周囲に人道主義的仮説全体に逆らう危険をおかして、観光によって起こされるものがある。たとえば、テロリズムとその反撃は、疑いなくスローターダイクが2001年のテロに対して推定するように導く戦争である。何機もの航空機が観光客で満たされ、彼らのなかには観光客を偽装したイスラム教テロリストが航空機を操縦させ、「ツインタワー」に対してそれを向

---

10) Philippe Muray, *Après l'Histoire II*, Paris, Les Belles Lettres, 2000.

けた。宣戦布告がなく、セキュリティの大きな欠落のせいで、前例のないテロは何千人もの死者を出した。それはなんらかの武装闘争がアメリカの起源以来勃発してきた生活の中心におけるアメリカの権力の脆弱性を示しているであろう。

　少なくとも2つのタイプの戦争がある。つまり、正確な意味では、戦闘や好戦的な行為を伴って、常に死を伴い、そして比喩的な意味では、人々のグループの間の対立があり、最も悲劇的な形態を招くとき（たとえば、戦前の内戦）には、決してまたは少なくとも間もなくではないが、戦場の存在によって表現される。この形態の事例において、見せかけの戦争（冷戦）もあり、ゲリラの死を生ぜしめた。テロリストのテロは別として、観光は正確な意味では戦争に手を貸すことはめったにないが、比喩的な意味では戦争の意識を生じさせることはたびたびある。フィリップ・ミュレイが言うように、「観光客は戦後の人間の祝祭化され、国境を横切る新しい道徳をあらゆる方法によって支配する任務を帯びた職業の軍隊を構成している」[11]。観光客のいくつかの縦隊は、彼らの意に反して、彼らの地位に固有であるから、時には攻撃的であり、より民族主義的である地方の闘士の特定のグループは、これらの侵略者に対して来訪された住民をたやすく訓練するのに成功している。確かに、国家権力と結びついて、市民や軍人の高い階層には責任があるが、市民社会の有力者も調停役を務める。しかし、最悪のことが再び避けられるとすれば、疑いの雰囲気はあちらこちらで定着するであろう。もちろん、この確認は多くの観光地に打撃を加えたあらゆる最近のテロであることに変わりはない。われわれはそれをしばしば国際観光に非常に無防備な、そして同じことによって、西欧諸国と非常に協調的なイスラム国家において起こることを示すであろう。

　同じ国家ではあるが、同様に他の、ただ貧困な国と関わっている冷戦は、もっと多くの憂慮すべきことである。アルカイダが2001年以降に引き起こしたテロリストの犯行前に、ムスリム同胞団に近いイスラム主義組織ジェマ・イスラミアは、それだけでも「宗教的理由と同様、エジプトの観光産業収入が涸れるので、外国人観光客を非難する。1996年には18人のギリシア人観光客がカイロ

11）Philippe Muray, *op.cit.*

で殺され、1997年11月17日には58人の観光客（大半はスイス人）が6人のイスラム教徒の特攻隊員によってルクソールで虐殺された」[12]。おそらくアメリカ人のサミュエル・P・ハンチントンが文化的敵対を描写するとき、論争の方法ではすっかりキリスト教に与して「文明の衝突」を起こさせるのはイスラムの暴力の増大である[13]。われわれはそこに理由を見出し、明らかにするのが望ましい。キリスト教徒は、結局、非常に多数の外国人観光客が要するに深刻な危機のなかで領土に侵入することになる。キリスト教徒は同様に観光客の性質に根拠を置き、彼らはとりわけもし観光客の活動に敵意を持った扇動者たちが目を見開かせるとすれば、来訪された住民の聡明さがわからないわけではない。われわれは集団表象[(2)]の概念を再検討するが、たちまち、それらは観光の地政学のこのアプローチのなかで想起させられたものに値する。実際、新興国を訪問する西欧諸国の中産階級の観光客は、さらに地方の社会の最上層と交際する本物の富裕者とは混同されない。このように、大ホテルの地位の低い従業員はだまされないし、タクシー運転手、観光に欠かせない仲介業者のような特殊なカテゴリーの人々は、さらにもっと少ない。ところで、自分と同じ社会階層と比較し、それがしばしば主人と召使いを生み出す様子であると理解するのは決して不当なことではない。必要な場合には、テレビのルポルタージュ番組はこの感覚を立証する観光客の国から多量に放送している。われわれがほかの誰よりも選好した植民地主義という用語には、普通の植民地主義とは著しく異なり、非常に経済的な要件と関係がある新植民地主義と同じ潜在的で、全く新しいこの不当さがある。平凡な人々に関して低く評価するという恥辱は、良い給料によっては埋め合わされないという考えがある。このような精神状態を誇示することは、正当な仕方で上手に養成し、報酬を与える観光のプロ集団を創出することにあるであろう。ところで、生徒の制服が特定の考えをもたらしているホテル専門校[14]は、まだ非常にまれである。この代わりに、観光客の激しい、

---

12) Yves Lacoste, *Géopolitique de la Méditerranée*, Paris, Armand Colin, 2006.
13) Samuel P. Huntington, *Le Choc des civilizations*, Paris, Odile Jacob, 1997.
（サミュエル・P・ハンチントン著、鈴木主税訳（1998）『文明の衝突』集英社）。
14) ペルピニャン大学と連携してマラケシュのUPITHのなかでVatel研究所の施設は、この観点でうまくいっている。

(2) 価値、規範、宗教など、複数の個人や集団により形成され、個人を拘束する集合意識（R.2013ページ）。集合表象、社会表象とも言う。

大量の闖入は、これらの国々の観光産業に低資格、低賃金労働者を採用せざるを得なくし、観光による全国的な発展の必要性に確信を抱くことはあまりない。

　多くの観察者はこの現状に敏感であり、「公正な観光」や「連帯した観光」ではすぐに衰えたので、「持続的観光」を実施することをほのめかしている。われわれは驚かせられるかもしれない合衆国の態度決定を引き合いに出すであろう[15]。たとえば、ルワンダでは「共同体のこれらの資本の方向を変えるのが容易である」ときに、国際観光客の激増がとりわけ多国籍企業を豊かにすると指摘した後、この記事は地方の企業の存在に言及し、最貧困住民への経済的悪影響が増大する可能性があるあらゆる拘束から解放した。これはタイで提案されたパッケージまたは再び、ナミビアでのグッドオルタナティブ・トラベル・ガイドの団体観光であろう。われわれはこのテーマを第5章で展開するであろう。まず、マグレブやその他の場所で西欧諸国の観光客を脂肪吸引、乳房の補正、若返り美顔術、造鼻術または歯のインプラントへと導く衛生上の地方性喪失を考えられるか？　フィガロの記事[16]では、われわれは同じようにエキゾティックな太陽の下でのバカンスを犠牲にすることなく、歯の難しい手術（フランスでは5,000～11,000ユーロ）のためタイの歯科医を選択するフランス人観光客のケースを引用している。最悪なことは、そこではもし南の数少ない執刀者が明らかに手当てが悪いことをただちに現地の住民に気にかける必要がないと思わなければ、ジャーナリストはヨーロッパの保健衛生の専門家にとって不愉快に見えるにすぎないということである。

　当然、観光の地政学は北の観光客の考え方や動機にも関わる。マスツーリズムの拡大後、「日なたでの」安上がりの滞在の追求は、より貧困な国や地域に対する「植民地主義者」の感情移入を正しいものと認める。それは航空輸送の最良の近づきやすさにつれて、モロッコやチュニジアのようなもっと遠方の目的地以前のフランコ派のスペインの事例である。この気違いじみた競争におい

---

15) Sana Butler, ≪Le Nouveau Tourisme à la découverte des pays pauvres≫, *The New York Times*, 23 avril 2005.
16) Arnaud Rodier, ≪Ils partent à l'étranger pour se faire soigner≫, Le Figaro, 19 décembre 2006.

て、観光産業はその顧客を少しも納得させられない。おまけに、しばしば〔歳入〕不足によって、国際観光のおかげで発展することに決めている南の国々の貧困化はより良い口実になる。ところで、もし外貨の徴収や雇用の創出があり、もちろん西欧諸国の観光産業が正式に要請され、そこでかなりの利益が期待されるとすれば、われわれは確かに熱中して楽園のなかで自由にはしゃぎ回るのを心配している多数の観光客と彼らの祖先をぎょっとさせる眼差しのもとで下男に変えられる現地住民との間に溝が掘られるということを確認せざるをえない。ごくわずかに、イスラム教テロリストのマッチが燃え上がらない潜在的な戦争状態が作り出されている。

「快活な人間」[17]：中産階級のマスツーリズム

　世界中には、何億人もの国際観光客と疑いなく彼らの国を離れないもっと多くの国内観光客がいる。この国内観光を計算に入れる支持者においては、観光産業の全体は世界の収入の10％以上、雇用は12％以上になる。ところで、産業部門や相当数の大きな多国籍企業の4兆ドルのグローバルな収入にもかかわらず、すべての小企業は下部組織の職員のわずかな報酬を説明するというのが主要なものである。観光の地政学は、観光産業の複雑性を無視することができないし、われわれはそうする努力をする（第3章と第4章）。しかしながら、北の観光客の南の国々へのインパクトに加えて、この長い序文はマスツーリズムの徹底的な研究がなければ完全なものとはならないであろう（第2章参照）。

　「それらの著者との関連で矛盾した表現を分析」[18]しなければならないから、必要になる年の大部分を暮らす発地国における観光客を考慮する。彼は世界を遍歴するが、常に出発点に戻る。そして、最もメディアにのせた地政学がとりわけ世界の大きな緊迫を引き付けるとき（国際観光によって誘発された結果として）、観光する人間の翻訳である快活な人間の分析は、代表的な個人を含むオリジナルな社会階層の研究を導く。ところで、そのような表現は心理社会学

---

17) Philippe Muray, *op.cit.*
18) Yves Lacoste, *De la géopolitique aux paysages, dictionnaire de la géographie*, Paris, Armand Colin-VUEF, 2003.

を際立たせ、われわれはマスツーリズムを定着させる富める国において十分に支配的な中産階級の輪郭を描くときに、ミュレイにとって大切な快活な人間に立ち戻る。

　まず、ミュレイが繰り返し楽しんでいるように、われわれは本当に「祝祭の時代」に入っているのか？　富める国の良い例であるフランスの事例は、非常に明らかである。われわれは実際、ビジネス観光客およびバカンスに出発する人々の60％はほとんどもっぱら中産階級全体と関係があると考えることができる。この評価はルイ・ショーベル[19]によって影響された中産階級の人たちと比較される。すなわち、フランス人の50％は、3％の裕福な人々よりも多い。同様にその中心部では別荘の恩恵に浴しているのは事実上3人のうち2人であるということを付け加えなければならない。マスツーリストの非常に個人的なイメージを持っているミュレイによると、「疑いなく快活な人間（または観光する人間）はその時代のみじめさに気づくということはすぐに起こることではないし、現在の疑いを晴らし、悲壮な邪悪さを思い切って見つけるということを決定的に余儀なくさせる傾向があるように思われるので、再び本来の自分のものは少ない」。観光行動の楽しみは、それゆえマスツーリストの個人主義的で利己的な傾向を展開すると同時に、自分自身の高い意識と一致する。光景は悲しいが、われわれが考えることと一致している。すなわち、「観光客は何かを楽しむため、または同じく見るために移動するのではない。それはパトロールや視察する一種の盲目的なものである」[20]。われわれは臨終前の観光客のスケールである、旅行者のスケールの第1段階の定義[21]において、「われわれは旅行する」というニーチェの妄想的な言葉を遠ざけはしない。

　もちろん、1つの問題がただちに心に浮かんでくる。すなわち、観光は中産階級に固有の楽しみであるか、それとも中産階級を誕生させるのに寄与するのか？　換言すれば、中産階級とは何か、そして観光との彼らの本当の関係は何か？　それらを定義するためには、アリストテレスやニーチェの「金持ちでも

---

19) Louis Chauvel, *Les Classes moyennes à la dérive*, Paris, Le Seuil, 2006.
20) Philippe Muray, *op.cit.*
21) Frédéric Nietzsche,≪L'Échelle des voyageurs≫, *Humain, trop humain* Ⅱ, Opinions et sentences mêlées（228）, 1879.

なく、貧乏でもなく」に加えて、何らかの証拠を思い出さなければならない。「文明衰退の専門家」はみな資本主義の拡大が富める国において何億人も豊かにしたということが気に入らない。世界には存在するのか、もちろん世帯の年収が45,000ユーロを超える５億人の最も裕福な人々のなかには存在するのか？確かに、そのようなことはショーベルによって描写された中間の平均階層や上流階級に関係があるにすぎないが、われわれは考慮に入れるどころではない。われわれはたとえ非常に不平等に分配されているとはいえ、世界の株式資本の60％は、とりわけアングロサクソンの投資や年金基金の側面によると中産階級（貯蓄は世界のGDPの約26％である）に属しているということもまた思い出すにちがいない。そのうえ、これらの経済的考察にはフランスで非常に増加し、他ではほとんど増加していない自由時間の社会的データが付け加わる。それゆえわれわれは観光をする資力があり、国際観光を体験する社会階層（フランス人の17％）を観察する。われわれは常に旅行者は金銭手段と自由に使用できる時間を持っていなければならないということを知っている限り、これらの旅行する平均的な階層、すなわち観光客となるということは道理にかなっている。というのは、観光産業によって提供された組織がなければ多数の旅行を理解することはできないからである。

　われわれは先に貧しい国に対する観光のインパクトを見た。さて今度は中産階級の観光客の実際の動機を分析しなければならないであろう。彼らはあらゆる文献、極端な場合には漫画が主張している動物でもあるのか？　スプレンディッド劇場の元俳優によって演じられた日焼けした人々の映画シリーズの登場人物は、本当に代表的なのか？　社会的にそして個人的にこれらの観光客はしばしば彼らの発地国の活発な力から生じたと言うことができる。われわれは彼らの地位のなかでどれくらいの制約を考慮するのか！　ミュレイは快活な人間は「都市のなかでは再び歴史の終焉の災厄後に見る何かあるものをもっていると思う孤独な人間」であるとはいえ、彼は観光客がみんながみんな不作法者であるとは何も言わない。実際、それは動機において、そしてある方法、マスツーリズムの概念である観光現象の群生である。それでもやはりあまり情報が知らされていないし、同様に実用的な次元の情報を特別扱いしている多数のガイドブックを含めてあまり教養を高める傾向のない多数の観光客は逸脱への狂っ

14　　序　文　なぜ観光の地政学か？

た楽しみをすることに向いているゾンビの印象を与えているにすぎない。吹き込まれたことをそのまま言う指導者は、たとえばしばしばもっと他人の気持ちがわかるタクシー運転手ほども事実に気づいていない。さらに、しばしば極端な場合には意気阻喪させられる低俗なテレビ放送を指示するこれらの観光客はどのようにして彼らが訪問する地域の文化に突然気づくことができるだろうか？

　観光の正しい地政学は、関係があり、それによって同様に彼らの文明のイメージを与える北の人々の大多数である限り、そのような行動調査を免れることはできない。しかし、西欧諸国の資本の支配と見かけはこれらの現実から分離する当事者のプレグナンツの2つの要素から成る運動において観光客の移動の流れを伴うように思われる。権力の上層部において作成される戦略はナンセンスであると考えるが、世界を歩き回る何億人もの観光客は経済的設備と調和していないし、疑いなく非現実的であると言える。いずれにせよ、そしてそれらにもかかわらず、観光客の大量の出現は貧しい国の貧困を覆い隠し、テレビでのホームレス（SDF）[3]に関する多くのルポルタージュのように少しは、極度の貧困に陥らない下の階層の困難について過度に話すのを避ける。エジプトの観光は一時的な住民の種類を忘れさせ、テロにもかかわらず原理主義者を脅迫する。われわれはモロッコに再び来る観光客に質問するだろうか？　彼らは住民の40％がそこでは識字能力がないことを知っているだろうか？　中国へ行く数少ない、幸せな観光客は、彼らのコンピューターや携帯電話を製造する労働者の労働条件を心配するだろうか？　観光、とりわけ国際観光は、はっきりした差異を弱めるのに役立ち、それがうまく組織されるときに、貧しい国の住民は彼らの輝かしい過去を自慢するにちがいないということを同じように信じさせることができる。われわれはさらにしばしばメッセージのあらゆる有害な影響力を無視するふりをしてそれを繰り返している。

---

(3) sans domicile fixeの略。住居不定者、ホームレス、路上生活者。

観光、とくに国際観光の空間的全体の構成

「あたかもページをめくり」、それらの「交わり」とともに「重ね合わせた地図を作成するかのように地球の空間の表現を作る」[22]ことにあるイヴ・ラコストのテーゼから着想を得て、われわれはパリ地域の裕福な中産階級の家族の観光旅行と一致する6等級の距離をイメージすることができる。たとえば、何百mで示されるある分譲地のような「第6等級」から、それはかわるがわる彼らの本宅との平均距離が数kmから数万kmまで変わる上の第5等級を与えることができるであろう。しかしながら、これらの大きさの等級が国際的観光産業の枠組みにおいて空間的分析の各水準との交わりによって結びつくときに、この家族の観光旅行は一種の多様な構成（図1）のなかで結合するであろう。最初の確認された事実は、この家族がすでに顕著な特色がある世界の全体において観光を体験するということである。このように、家族は第5等級のkmの旅行代理店に問い合わせることができ、そこでは地中海諸国の方へ（何千kmの第2等級のモロッコの方へ）またはインド洋の南西の島の方へ（何万kmの第1等級のモーリシャス島）の飛行機のためロワシー空港と結びつけるのを見る。しかし、週末の場合に、もし家族がイル・ド・フランス（何十kmの第4等級）の近辺で観光をすることができれば、フランスにある別荘（何百kmの第3等級のリムーザン）での家族バカンスの機会をもはや無視しないであろう。あまり裕福でなく、前例に似ている第2の家族は、訪問しないであろう第1等級の島を除いて模倣することができるであろう。そして常に近所の、第3家族は別荘を持つことはないから、第3等級を除いて示されるすべての地域レベルにおいて示すことができるであろう。第1等級から第5等級までのすべてのレベルは、基本的に周遊移動である「ツアー」を予定する指標のように観光の程度に応じて主要な居住地である第6等級と常につながっている。ところで、異なってもいるし、うまく連節してもいるレベルでのこれらの投影は、上述した観察の大部分に照らして観光の地政学的次元を付与する。

---

22) Yves Lacoste, *Géopolitique, op.cit.*

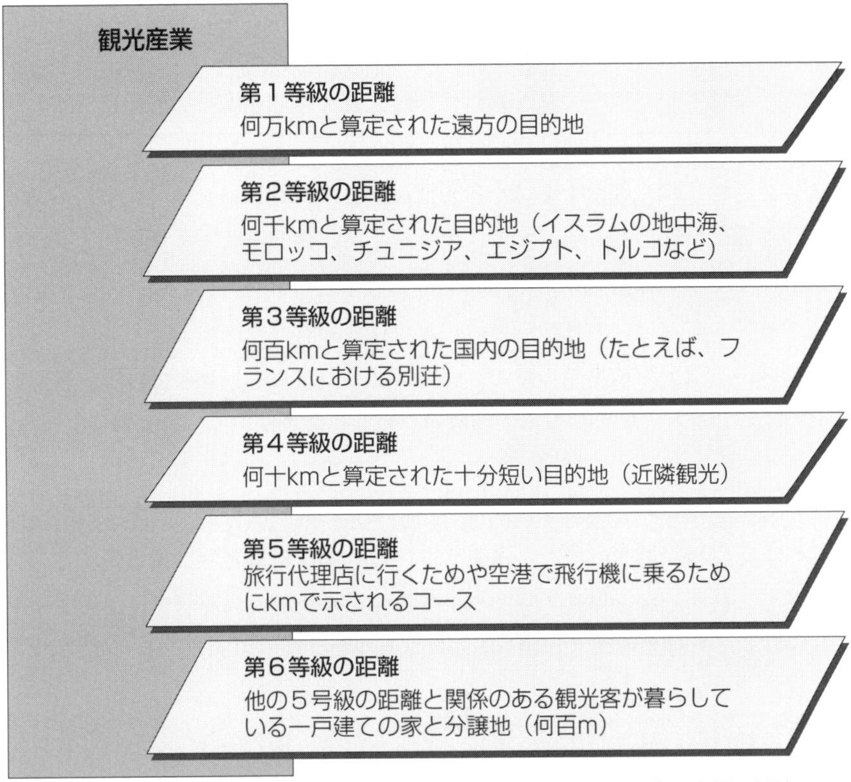

```
観光産業

第1等級の距離
何万kmと算定された遠方の目的地

第2等級の距離
何千kmと算定された目的地（イスラムの地中海、モロッコ、チュニジア、エジプト、トルコなど）

第3等級の距離
何百kmと算定された国内の目的地（たとえば、フランスにおける別荘）

第4等級の距離
何十kmと算定された十分短い目的地（近隣観光）

第5等級の距離
旅行代理店に行くためや空港で飛行機に乗るためにkmで示されるコース

第6等級の距離
他の5号級の距離と関係のある観光客が暮らしている一戸建ての家と分譲地（何百m）
```

（Yves Lacoste, *Géopolitique, op.cit.*の《*différents niveaux d'analyse spatiale*》の定義による）

図1　パリ地域に居住する家族の6等級の観光距離の構成と観光産業全体との交わり

　近隣の観光または別荘での滞在のような国内観光を際立たせることに専心することなく、しっかりしたなんらかの思想がぜひ必要である。まず、これらの観光客の家族は、1年の大部分をパリ郊外の分譲地に位置する本宅で暮らしている。彼らの生き方、行動、価値は、そこにほとんど必然的に属している。われわれは同様に、多国籍企業の本社のように、これらの観光客が影響を及ぼす領土に根を下ろしているということを認めることができるであろう。偶然のサイクルに含まれるかつての旅行者に反して、観光は上のレベルのいかなる等級も根本的に個性やとりわけこれらの観光客の存在を修正することなく、変化に富み、しばしば非常に遠隔の領土と結びついている。もちろん、これは数日か

ら数週間のこれらの「ツアー」を可能にする特別な航空輸送手段や観光産業の組織である。

　第1、第2等級では、来訪される住民はこれらの観光客が異国情緒を楽しむために彼らのところへ来て、比較的安い滞在から最大の利益を得るということをさらに非常に早く理解する。たとえ彼らが非常に貧しい人々に対する憐憫にとりつかれているとしても、すでに彼らは生活に関わることを考慮に入れ、彼らがかつてしばしば波瀾に富んだ歴史のなかでどのように暮らしていたのかを想像するにすぎない。観光のグローバル化は、われわれが示したように、もちろん経済的、社会的結果であるが、それは何よりもまず自覚していない2つの世界の並列を示している。結局、油断のならない影響がある。以上のことから、植民地主義という単語の使用が暗示された。われわれは常に考えられるテロリストの犯行を見ている来訪される人々を認識した潜在的な戦争状態は、外国人集団のような国際観光の現実と密着している。確かに観光客は最悪のことを恐れるかもしれないが、保証するとみなされている保険のおかげで、そして危険を覆い隠そうと努める観光宣伝のおかげでもまた、彼らはあたかも「探検する」かのように世界を訪問している。

　それは経済的グローバル化に固有のものである。確かに彼らの第6等級の距離においては暖かく準備するという確実性のなかに取り巻かれている観光客は、事実上ビジネスの世界、地球の資本をコントロールする株式市場、特定地域への集中を排する産業と同じ生活リズムを有している。彼らは同じ地政学に参加し、たとえば武力闘争や社会的緊張に言及する世界地図を持つ旅行をでっちあげる。時には、イエメンの冒険家やネパールの好戦的分子のように、彼らは安全の基本的な命令を尊重しないが、フィリップ・ミュレイに注意を促すこの種の罪を受けないことを確信している。いずれにせよ論理を推し進めるにあたって、彼らはビジネスの世界のイニシアティブを先取りしている。けれども彼らは最も大胆な試みの先を行き、したがって彼らは彼らの国の金権家の無意識の仲介者になる。すべては第6等級の彼らの小さな分譲地から始まる。なぜならこの堅固な、居心地のよい拠点がなければ、彼らは決して世界を歩き回ることを思い描けないからである。彼らは通り過ぎる地政学の歩である。

第 1 段階の意図

　われわれは前もって観光の科学を考えることがなければ、この観光の地政学を理解することはできないであろう。必然的に総合的で、学際的性格を持つこれら2つのアプローチは、観光がとにかくさらに組織された小旅行に出かける社会関係を意味するということを思い切ってやってみたり、表そうと望んでいる。バカンスの植民地の天使のような光景から着想を得ている植民地主義という用語を要求するにあたって、われわれはそれが関係のある最初のものであるから、西欧諸国の中産階級のマスツーリズムは、危険な疑いのある楽しみの関係のなかで世界を調整しようとすることを明らかにしようと努めている。それがかつて資本主義の誕生を伴ったように、その発展はグローバル化と共存し、世界のある部分の他の部分に対する経済的支配の過程に加わるということがありそうである。

第1章

国際観光の議論の発展

　われわれが何億人を考慮に入れる前とはいえ、アルフレッド・ジャリーは「観光客の流動化」に言及し、「その手法が海面に光線を通さないようにする効果のため海軍大臣によって再び秘密にされる一群の内容をカバーする海軍」と比較している。ところで、それに加えて、われわれは「同じように同盟を結んだ外国人勢力に対するこの取り扱いの重要性を守る明白な意図において［……］観光客」[23]という用語を口にすることはない。2001年9月11日に関するペーター・スローターダイク[24]のそれを思い出させるフランス人作家の意図は、観光現象の重要性と彼が過小評価されない方法をまとめるであろう。それゆえ彼はあまりにも不用心に領土を占有する一群の国際観光客の途方もない結果を評価するのにふさわしいであろう。もし観光客の全く最初の拡大が比較的控え目であることが今日のそれの無遠慮なことを遅らせているとすれば、彼もまた自問しなければならないであろう。最後に、植民地の運動とのある類似以上に、サミュエル・P・ハンチントン[25]によって、あまり微妙な差異がなく、説かれている『文明の衝突』のなかでの観光の役割を検討するのは有益であろう。

外国人と同一視される観光客

　世界観光機関は、われわれが今日知っている現代の経済活動がうまくゆくために観光客のイメージを再評価するのを止めようとしない組織である。そのうえ、その国際化は国内観光とその社会的目的を二次的な計画に追いやっている。はるか昔の書物[26]のなかで、ルネ・デュシェは、同様に観光客を定義するた

---

23) Alfred Jarry, *La Chandelle verte*, Bègles, ≪Les Inattendus≫, Castor Astral, 2007.
24) Peter Sloterdijk, *op.cit.*
25) Samuel P. Huntington, *op.cit.*（サミュエル・P・ハンチントン著、鈴木主税訳、前掲書）。
26) René Duchet, *Le Tourisme, à travers les âges sa place dans la vie moderne*, Paris, Vigot Frères Éditeurs, 1949.

めに大変用心しているが、われわれが「団体、個人または集団の楽しみの範囲の全体から全般的な経済のもの」を受け入れるに従って、1928年におけるオシャーの先駆的な観察を考慮に入れて、彼は観光客がすでに外国人であることを暗示している。彼らはそこからドイツ語圏のスイスにおいて観光客を意味するための*Fremd*という用語、そして観光を性格づけるための*Ausländerverkehr*（文字通り「外国の産業〔外国との交流〕」）という新語のスローガンの供給者である。それゆえ、われわれは国内観光客とは逆に、国際観光客がなぜ全体主義の国々に入ることを許されないのかがわかる（「われわれは新婚旅行のための国ではない」とムッソリーニは言っている）。結局、長い間1990年以前に世界観光機関の目的である観光はすでに社会的需要であるという傾向は、経済的使命を前にして徐々に席を譲っている。デュシェが再び指摘しているように、われわれは最後には観光を「時代の道徳観念、労働の習慣、出不精な安らぎ、経済的賢者、家に引きこもっている生活」と対立させる。

　19世紀には、観光客はとりわけ「旅行に全財産を浪費する」金利生活者である有閑階級のイギリス人であるとアレクサンドル・デュマは言っている。われわれは*tourism*という用語の発明をイギリスに負っているだけでなく、イギリス人は慎みのない戯画化した観光客の相容れないイメージをも提供している。世紀の観光革命について長々と述べるのではなく、いくつかの証拠を思い出させるのが望ましい。これらの観光客はアルプスの山岳地帯一杯に広がり、記念建造物から記念建造物へと駆け回り、地理的であると同時に実用的性格を持つガイドブックに彼らの貴族授爵状を与えるが、彼らは調査の視角や方法によって、望み通りに馬鹿にされる旅行の初心者のままである。しかしながら、彼らが現地住民に対して誇示する彼らの社会階層と尊大な風は、誰も見逃さない。現代の国際観光は、たとえば、ノルマンディー海岸に別荘を渇望するだけのパリの中産階級の人々に反対する必要のあるこの歴史的含意をまだ持ち続けている。それはわれわれが植民地主義を定義するように導いたこの精神状態の遺物である。

　そうこうするうちに、観光はますます含蓄のある流行の足取りをとるための少数の個人の道楽ではなくなった。換言すれば、モロッコの地理学者ミムン・ヒラリ[27]は、もしマスツーリズムが50年以上後にますます遠隔の目的地に熱

中することを押し付けなかったとすれば、「新植民地主義的運動」を想起させることはなかったであろう。しかし、第二次世界大戦直後に、観光は再び限られた人向けのものとなり、その国際的目的はかろうじて姿を見せ始めたにすぎなかった。デュシェによると、1947年にフランスの84のコミューンは10人を超える観光客を受け入れたにすぎず、総数は2万人以下である。この角度から見れば、それは戦後、国際観光への多くの国々の遅すぎた開始を関係づけるのがふさわしいということである。たとえば、ソ連は現地の観光は外国人の出現を締め出すということでは古いファシストの国から着想を得ている。しかし、「栄光の30年代」の初めに、われわれは経済を再建し、自国に取り戻した平和を享受しており、国境という用語はむなしい言葉ではない。外国へ行くためにはしばしばパスポートとビザ、そして長い準備さえ必要とするだけでなく、通貨の拘束もしばしば乗り越え難い。フランスでさえ、時代遅れの為替コントロールの名において、外貨流出を制限しており、われわれはただたんにスペインに行くために良い支払い手段を選ばなければならない。すなわち、ドルまたはアメリカの通貨でのトラベラーズチェック。

それがほぼ一般的となるためには、1990-1991年と東欧の社会主義政権の終焉を待たなければならないとはいえ、しだいに国境の大部分は取りのけられている。この期待において、観光次元の文化的組織の攻撃的な役割は激化しているが、宗教から独立した活動、教育またはソフトスポーツへ向かうそれらの地域的または全国的な面は、今日では微笑を誘っている。しかし、デュシェ[28]が彼の言葉を含みをもって言い表しているように、「国際観光の発展」が懇願されている。すなわち、「あらゆる障害は、時には慣習的な存在のサークルの他へ逃避し、彼らの展望を広げ、彼らの生活へ別のリズムを付与し、癒す自然を取り戻し、世界の他の面を発見するという人間の欲求を増大させるにすぎない」。しかしながら、実際の何億人もの観光客とは隔たっており、彼らは近頃の何千人との関連ではアッティラの遊牧民に似ている。

フランスでさえ、貧しい国々における富める観光客のイメージが常に存在し

---

27) Mimoun Hillali, *op.cit.*
28) René Duchet, *op.cit.*

ており、今後はもし少なくとも50年もしないとすれば、それは観光客と居住者の間の富の隔たりが非常に小さくなるからである。われわれはこのようにルルドの巡礼は19世紀の貧しいビゴールにおける売春現象の展開に変わりはないということを指摘することでエミール・ゾラ[29]の手帳の創作意欲を刺激する。理屈としては、フランスの小都市を訪れるアメリカ人のグループは、今日ではもはや欲望、恨み、不快を新たに作り出すことはない。逆に、そして良い近隣関係にもかかわらず、モロッコのカフェのテラスにいるフランス人はあまりよく受け入れられない闖入の原因となる。きわめて単純に、この確認はたぶん、われわれが次に検討する結果とともに、発地世界において観光に生じる緊迫を説明している。文化の観点からすれば、人々は彼らの表現やわれわれが彼らに与えるイメージを一体化する。そして、文化は記憶に根拠を置いているから、あらゆる説明が可能である。われわれがヒラリの分析を理解しなければならないのは、この展望においてである。それに従うと、「観光の否定的な影響は、観光客によって伝播する優越感が不幸にも、ほんの少しの劣等感（植民地化の結果）によって頻繁に訪れる地方の想像の世界において豊かな反響があるから十分に重要である」[30]。そのことは来訪された住民は偏見なく観光客を受け入れ、後者は現地の価値を尊重することしか心配していないという最も好ましい事例においては、疑いが確かめられることを意味している。さもなければある種の政治的な反応をどのように説明するのか？

フランス左翼の批判

この文脈において、観光、とりわけ国際観光に対するフランス左翼の非常に批判的な認識を想起しなければならない。M.E.シャサーニュ[31]は「地球の征服後5万年、人間は観光客という下位の種を生んだ」と言明している。一方、ギ・ベルジェール[32]は「ism」

---

29) Jean-Michel Hoerner, *Géopolitique des territoires*, Presses Universitaires de Perpignan, 1996.
30) Mimoun Hillali, *op. cit.*
31) M.E. Chassagne, Avant-propos, *Tourisme et Société*, Paris, L'Harmattan, 1992.
32) Guy Berger, Épilogue doux-amer, Avant-propos, *Tourisme et Société*, Paris, L'Harmattan, 1992.

という接尾辞をもって、「宗教、宗派またはイデオロギーの臭気を忍び込ませている」と指摘している。もっとラディカルな態度で、グザビエ・ドミンゴは、1971年に、「ヨーロッパの観光客は、日常生活のまともな凡庸さをスペインに運び込んだ新植民地主義者である」[33]と書いている。これらの批判は、暗黙の方法で、国際観光での昔の植民地化を比較する多くの旧グローバリスト（第5章のアミナタ・トラオレ参照）の目的に再び材料を提供している。

8億5,000万人の国際観光客とその他の観光客

世界観光機関によると、2003年と2006年の間に外国で1泊も過ごさない1億5,000万人の追加的な国際観光客[34]があり、全体では約8億5,000万人の到着数になる。それは2001年9月のアメリカのテロ攻撃、イラク戦争、SRAS[35]〔英略語ではSARS〕等と関連する世紀の初めの相対的な停滞に続いて、14％以上の増加である。ヨーロッパは到着数の54％で優位を維持しており、地中海の重要性に言及しなければならない。トルコ、クロアチア、エジプトをなおざりにしてはいないが、ヨーロッパからモロッコとチュニジアの2つのマグレブ諸国へは、1億5,000万人の観光客を受け入れている。

表2が示しているように、大きな10数カ国が国際観光客到着数の53％、収入額の約58％を独占している。われわれは「専属観光」（第5章参照）と呼んでいるものに関して幾度も生起したこの支配を再検討するであろう。しかしながら、その他の8カ国は、1,000万人以上の到着数、13カ国が500万人以上を受け入れている。それらのなかでは、6つの旧東側諸国、とりわけロシア、ハンガリーおよびポーランドがあり、多くの地中海諸国、とりわけトルコ（2年で＋55％。それは持続するだろうか？）、ギリシアそしてポルトガルがある。それゆえ、目的地の大きな多様性は、やはり活動の非常に激しい集積である。その

---

33) Xavier Domingo, *La Paella des gogos*, Paris, Éditions Balland, 1971.
34) 世界観光機関のこの定義は、ここで取り上げられ、批判されているとはいえ、比較評価が問題であるとき、それは適用可能である。
35) 肺炎のタイプのウイルスによる病気である重症急性呼吸器症候群。

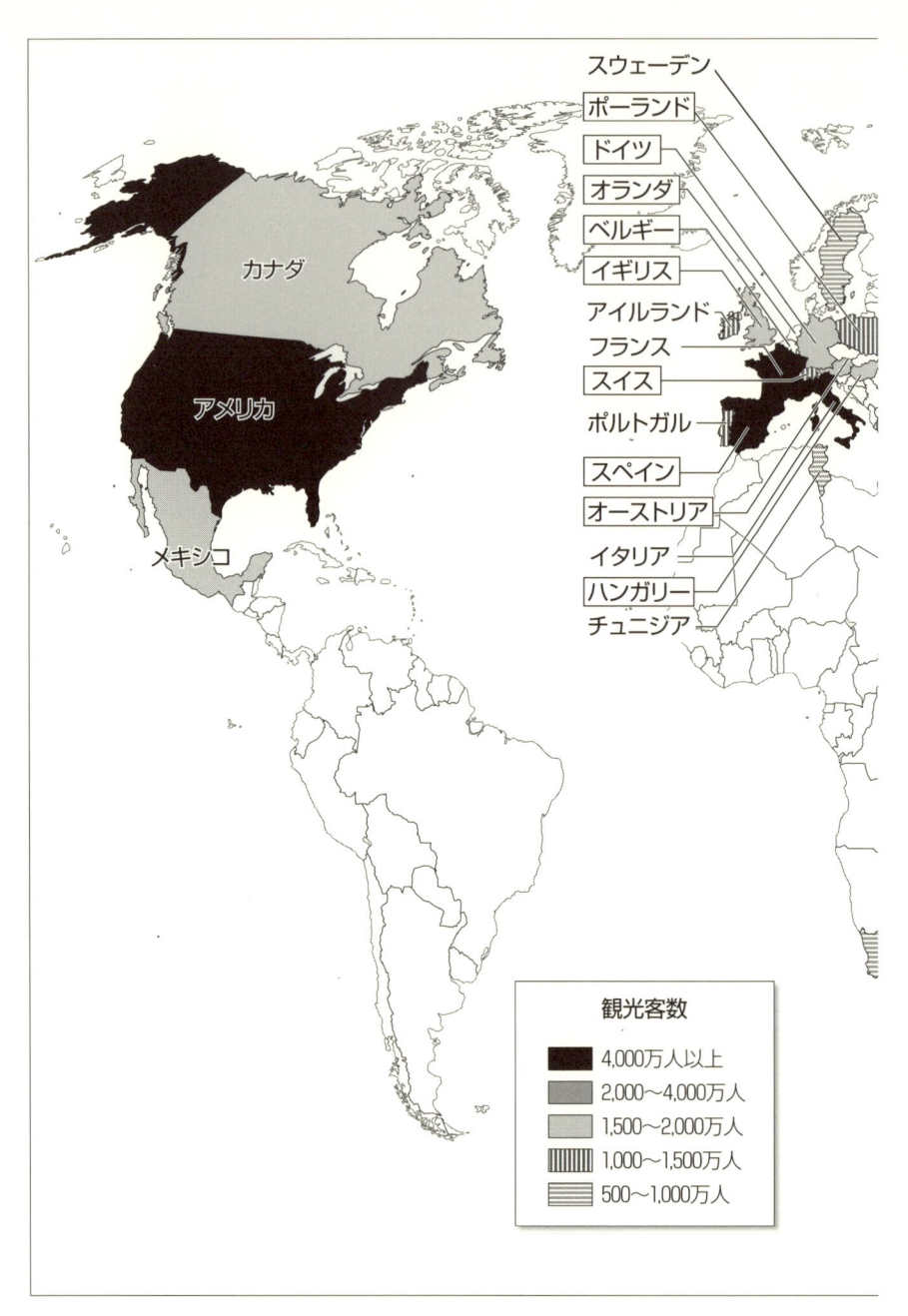

図2　500万人以上の国際観光客受け入れ国（2003年）
　　　（世界観光機関規準：1泊以上の観光客）

ロシア
ウクライナ
ギリシア
日本
トルコ
中国
エジプト　サウジアラビア
タイ
マレーシア
南アフリカ

表2　大きい国内観光のほかに利益を得ている13カ国の国際観光客到着数と国際観光収入

国	国際観光客到着数 (百万人) (2003年)	%	国際観光収入 (百万ドル) (2000年)	%	1990-2003年 国際観光客到着数増加率 (%)
フランス	75.0	11.0	29,900	6.3	+43.0
スペイン	49.5	7.0	31,000	6.5	+45.0
アメリカ	40.4	6.0	85,200	17.8	+2.5
イタリア	40.0	6.0	27,400	5.7	+49.0
中国	40.0	6.0	24,000	5.0	+135.0
イギリス	24.8	4.0	19,500	4.0	+38.0
オーストリア	19.1	3.0	11,400	2.4	+0.5
ドイツ	18.3	3.0	17,800	3.7	+7.5
カナダ	17.5	2.5	10,200	2.1	+15.5
スイス	10.0	1.5	7,300	1.5	-25.0
オランダ	9.3	1.5	7,000	1.4	+6.0
ベルギー	6.7	1.0	7,000	1.4	+58.0
オーストラリア	4.3	0.5	8,400	1.8	+95.5
合計	355.0	53.0	276,100	57.9	+34.0

(資料) OMT et François Vellas[36]。

ことはイギリスやドイツの収支赤字（200〜250億ドル）にもかかわらず、富める国々における国際観光の財政上の重要さを確認している。そのうえ、われわれはアルプス観光（オーストリアとスイス）の相対的な不調と2001年のテロと税関手続きの増加を理由とするアメリカへの国際観光客到着数の急落を強調する（2000年の5,100万人に対して2003年には4,030万人にすぎない）。

　結局、われわれはデータの信頼性が疑わしいと絶えず繰り返している。そのことは国際観光客到着数であって、収入額ではない観点から、1995年から2000年に期待されている傾向を示している**表3**の選択を正当化している。それはまず第1に1995年から2020年の年率約4％の国際観光のたくましい成長を意味している。したがって、われわれは四半世紀で国際観光が3倍になるのを見るであろう。世界観光機関[37]によると、2005－2006年には、先の2年間にかかっ

---

36) François Vellas, *Économie et politique du tourisme international*, Paris, Economica, 2002.
37) OMT, *Tourisme, horizon 2020*, Madrid, décembre 1999.

表3　1995年から2020年の国際観光客到着数の将来展望

地域	1995年 到着数合計（百万人）	1995年 地域内（%）	2020年の予想 到着数合計（百万人）	2020年の予想 地域内（%）	2020年の予想 年成長率（%）	第1下位地域Aと第1発地Bの年成長率（%） A	第1下位地域Aと第1発地Bの年成長率（%） B
ヨーロッパ	336	88	717	85	3.1	東：4.5	アジア：5
東アジア／太平洋	81	79	397	81	6.5	ミクロネシア：6.8	ヨーロッパ：6.7
アメリカ	110	77	282	62	3.8	南：4.8	アジア：6.4
アフリカ	20	57	77	65	5.5	オーストラリア：7.5	アジア：7
中東	14	42	69	37	6.7	—	アジア／ヨーロッパ：7.4
南アジア	4	25	19	15	6.2	—	ヨーロッパ：6.9
合計	565	—	1,561	—	4.1	中東：6.7	アジア：6.5

（資料）OMT．

た遅れが取り戻され、いくらかの不確かさがあるにもかかわらず、すべてのことは予想される発展が実現するであろうと考えられる。さらに、更新されるかもしれないこれらの有為転変は、経済情勢に関する不慮の出来事を考慮に入れない未来を予見する研究を正当化し、変化を投影することがすでに確認されているにすぎない。観光客の受け入れの点において最もダイナミックな地域は、出発の主要な中心としてのヨーロッパとともに、アジアと中東にあるが、少しずつアジアによって取り戻されているのが見られる。他方、少なくとも内心では中東、アフリカ、ラテンアメリカを前にしてアジア太平洋に続いて最も切望されている南は、大陸や地中海の東欧の「偽の南」と「古典的な」南（7億6,000万人以上の到着数、つまり全体の約50%）である。最後に、最大の当然の帰結において、日本、中国、韓国、オーストラリアのような出発の中心の重要性が決定的であるアジア太平洋のように、国内観光は富める国々（ヨーロッパと北アメリカ）では大いに優勢である。

　われわれは北-南の観光客の移動とおそらくその太平洋の結果に関して想起させた心配が確認されるのを見る。このように、2020年には、ラテンアメリカ、アフリカ、中東そしてとりわけアジア太平洋は国際観光客の大部分を受け入れる。中国、小さなペルシア湾岸諸国、ブラジル、アルゼンチンまたはメキシコのような国々よりも急速に頭角を現しているいくつかの国々は、巧みに窮地を

脱するが、大多数は確かに広義の北の観光客の可能性に富んだ移動で耐え忍ぶであろう。こうは言ったものの、いくつかのデータはもっと詳しい注意に値する。たとえば、ウクライナにおける国際観光客到着数が2003年の約600万人から2005年に1,700万人以上に増加すると主張することは信用できるだろうか？タナナリヴでは、われわれは現地当局によると、たとえ20万人以上の国際観光客がいたとしても2004年に必要とされるのは、たった55,000のビザで満足する（しかし、黒字はバカンスで祖国を離れた人による可能性がある）。他方、ベトナム人は同様に国の北のなかを往来する約20万人の中国人商人の観光客の質を疑っている。われわれは新疆（しんきょう）の北西の県の多数の国際観光客に関しても疑念を持っている。

　フランソワ・ヴェラ[38]が約3,000万人の差を示している2000年の国際〔観光客〕到着数に関する世界観光機関の異なる2つのデータに言及するとき、それはよく見られる近似法の誤りを再録している。しかしながら、その他のアプローチも異論の余地がある。たとえば、世界観光機関は、中国の3,300万人の到着数には、香港の1,600万人が付け加わると理解している。ところで、イギリスの飛び地が1997年に公式に返還された限りにおいて、そしてビザの存在にもかかわらず、われわれは一般的なやり方では、それは中国の観光客の内部観光移動ではないかと不思議に思っている。疑いなく減少が明らかになった中国に留意すると、われわれは総数で4,000万人の到着数を考慮に入れることになる。同様に、われわれは大陸の実際の経済的、社会的晴れ間を表す1995年と2020年の間にアフリカから出発する国では年に5.5％と予測する増加予想に驚いている。確かに、世界観光機関は、ある「国際旅行形態」は、たぶん経済的移動と結びついた「地域内旅行」を実現する「大多数のアフリカ人には理解し難いであろう」ということを強調する。われわれは機関の事務局長の選挙で、その国家数を考慮して積極的に参加する大陸の自尊心を傷つけることを望まないということを想定することができる。さらに、世界観光機関は一般に観光収入に関して将来全般に十分気をつけ、85カ国の観光機関による豊富な統計を含み、協力しない約100カ国については推計している。したがって、世界観光機関の宣伝の

38）François Vellas, *op.cit.*

否定できない効果は、それら自身の国に満ちている（ウクライナ参照）。

世界観光機関（OMT）[4]

　それは公式には1969年にソフィアで誕生し、1976年にマドリードで具体化された。それは国際連合に加盟した。世界観光機関の起源は、行動的である。それは1934年に創設された「公的観光宣伝機関国際同盟」（UIOOPT）、次に1947年に陽の目を見る「官設観光機関国際同盟」（UIOOT）から起こった。その立案者はとりわけ専門家であり、国際観光が少々混乱している時期に諸国間の平和の一因になるという意向を持つツーリング・クラブのような機関に由来する連合の活動家である。それは「観光を促進し、発展させる」（その最初の規定の3.1条）のが目的であるとはいえ、世界観光機関は最初に「第三世界の手助けをする独占的な手段としていくつかの工業国によって考えられた」（後に連合の事務局長になったフランチェスコ・フランジアリ[39]によって1991年に表明された意見）。たとえば、イギリスの遅い加盟を説明するこの見解は、最近20年間に絶えず進化した当初は非常に社会的な使命と結びついていた。

　実際、しばらくしてから組織は、その経済的役割ほどには観光の社会的必要を重視してはいない。そこで成功し、完全に信用できるようになるためには、たとえば持続可能な観光を守り、とりわけきわめて批判の余地のある定義全体を成文化している。世界観光機関は、こうして５つの技術マニュアルを公表し、そのうち最初のものは観光統計の概念、定義および分類（1995年）に当てた。それらは科学的敬虔さを受け入れるために国連の統計委員会によって投票されなければならないだろうか？　世界観光機関は、「普通一般の言葉を手直し」し、「親密に結びついた概念、定義および分類の枠組みを与えるこの言葉の語彙と文法を定める」という意志をそれほど強調しないのか？　それは「できるだけ、人口、交通、事業、国際的移動、国際収支および国民経済会計のような関連する領域における現行の概念、定義および分類のなかで」採用することを「発達した、または発展途上の」国家に要求しないのか？　研究に関する概念を独占することができる学者にとっ

39）Francesco Frangialli, *La France dans le tourisme mondial*, Paris, Economica, 1991.

(4) 観光に関する国際機関として1975年に設立され、スペインのマドリードに本部を置く。当初は略称WTOを使用していたが、2003年12月に国際連合（UN）の専門機関となった後、2005年12月１日から国連世界観光機関（UNWTO）に名称変更した。

ては、これらすべてのことはナンセンスである。

　異議の原因となる楽しみのための旅行とビジネス旅行（25％から30％）に加えて、われわれは同様に、たとえ「公用」や「訪問された国における地位」ではないとしても、「外交官または軍人」の観光客の質を検討することができるであろう。換言すれば、イラクに何カ月か滞在するアメリカ人兵士は、本当に国際観光客として考えることができるだろうか？　同じような考えで、「通常の環境」（居住「地」）の外での治療のため診療所に滞在することも観光活動に類似していないだろうか？　結局、あらゆる方法によって観光の大勢を拡大しようとする世界観光機関の願望は、それらの活動を歪める危険がある。専門家の大部分は、「運輸」部門を過小評価することに成功し、今ではもう少しですべての移民労働者、すべての遊牧民を観光客に変えるところである。
　「国内観光」はマイナーな地政学的側面を示しているとはいえ、過小評価してはならない。そのことはさらに小さな修正を可能ならしめる。一国の「国内観光」は、その国の居住者の観光（「内部観光」または国内観光）に一致し、来訪する外国人の「インバウンド観光」を過大評価する。「国民の観光」は、その国の国民の観光活動（「国内観光」）と外国でのそれ（「アウトバウンド観光」）と定義する。われわれはそれを「国際観光」（アウトバウンドとインバウンド）に対置する。たとえば、フランスでは、もしわれわれが初めから外国へ行く一部を削除することを考慮に入れるとすれば、国内観光は3,000万人になるであろう。それゆえ、富める国々のなかでは、国内観光として8億5,000万人の国際観光客到着数に付け加えなければならない5,000万人がいる。しばしば「工業的」なものよりは少ない観光活動は、この顧客に大きく依存している。ところで、世界観光機関の攻撃的な症候群は、フランス領の自治体の組織（CRT、CDT[40]、観光局……）が算定と増加に粗雑な傾向があるので、このアプローチに同じように気づいている。彼らは商売上手さにおいて、どちらかと

---

40) CRT: Comités régionaux du tourismeの略。地域圏観光委員会。；CDT: Comités départementaux du tourismeの略。県観光委員会。

いうと過小評価しようと努める専門家と衝突する。2000年の初め、そしてとりわけ新興国や低開発国へ投資する主要な観光企業の新戦略以降、構造的危機が国内観光に打撃を加えている。われわれは収入がおそらく入り込み客数の総体的上昇に続かない限りにおいて、生活水準の低下や経済的危機を非難する。ところで、たぶん遠隔のマスツーリズムの絶え間ない競争の増大が問題である（しばしば少なくとも数千km）。富める国々の滞在地の高値は、同様に中産階級の顧客が心の迷いなく祖国を離れて住むのと同じような現象を説明する。季節性やぎりぎりになっての予約の可能性は、同じようにこの観光形態を奨励している。

観光移動

　1969年に公表された「フランスにおける都市住民の夏の大移動」というフランソワーズ・クリビエの地理学の学位論文のタイトルにもかかわらず、「移動」という用語はほとんど観光現象を説明していない。とくに最終的に北へ移住しようとする南の人々が冒険を試みるために最大限3カ月の観光ビザを利用するときに[41]、誤った、そして時々偏向した判断をし、内密のその用語になる。しかしながら、厳密な意味において、観光滞在は移動の流れを生ぜしめ、ごくわずかの観察者は、しばしば北へ向かう南の密航者である貧しい人々と北から南のエキゾチックな目的地へ向けて出発する裕福な観光客の一団の移動を対置する。確かに、動機においてと同様、目的においても、彼らはいかなる共通点もないが、彼らは世界がみんなに開かれているという擬態と感覚の効果によって結びついている。最も関係のある地域は、中米とカリブ海地域、イスラム地中海沿岸とフィリピンまでの南アジアである。

　約10カ国は同時に毎年20億ドルを超える送金額と200万人以上の国際観光客を受け入れている（図3）。われわれは国際観光が移動の道を開けると考えることができるが、通信手段も人間関係も問題になっていない。それでもしばし

---

41) フランスはそれでも2003年に200万以上の長期滞在ビザを交付し、短期滞在ビザの数を削減した（2001年における香港とマカオに対する廃止）。

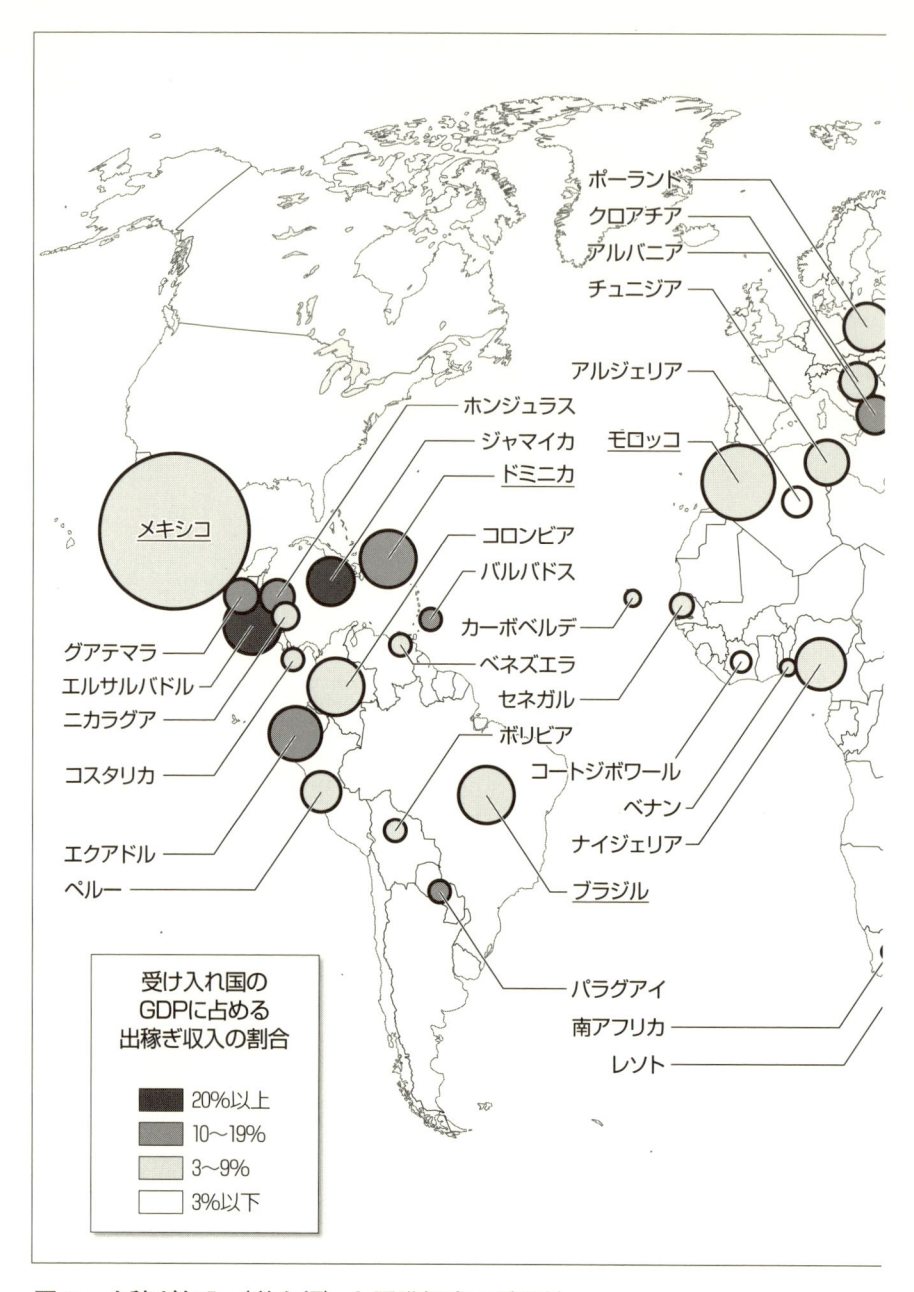

図3 出稼ぎ収入（送金額）と国際観光の重要性
（下線を引いた国は、10億ドル以上の送金額を受け取り、200万人以上の国際観光客を受け入れている。）

受け入れ国のGDPに占める出稼ぎ収入の割合
- 20%以上
- 10〜19%
- 3〜9%
- 3%以下

34　第1章　国際観光の議論の発展

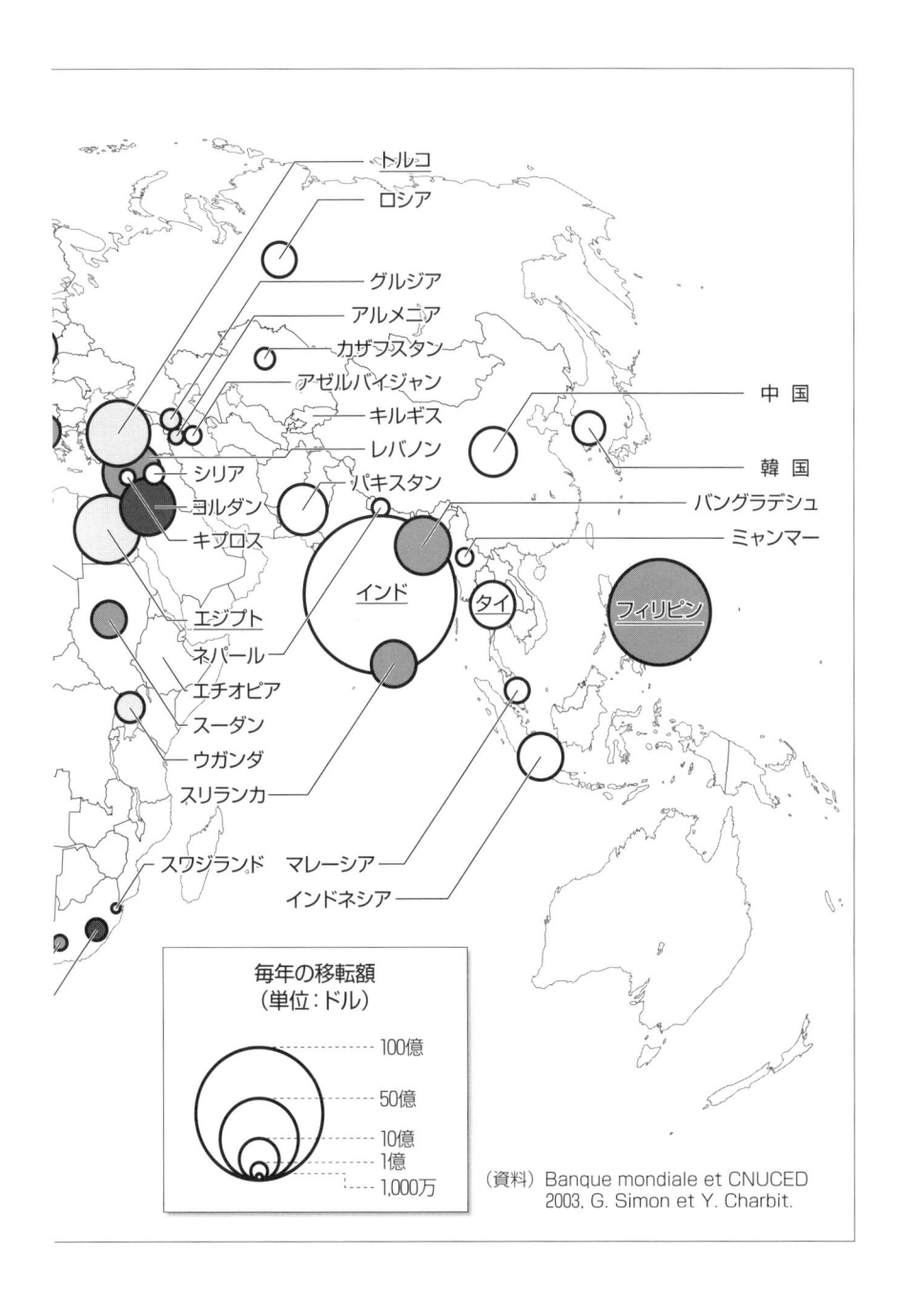

トルコ
ロシア
グルジア
アルメニア
カザフスタン
アゼルバイジャン
キルギス
レバノン
中 国
シリア
パキスタン
韓 国
ヨルダン
バングラデシュ
キプロス
ミャンマー
インド
タイ
フィリピン
エジプト
ネパール
エチオピア
スーダン
ウガンダ
スリランカ
スワジランド
マレーシア
インドネシア

毎年の移転額
（単位：ドル）
100億
50億
10億
1億
1,000万

（資料）Banque mondiale et CNUCED 2003, G. Simon et Y. Charbit.

ば周辺部から最も貧しい住民を集める密航者の移動の流れは、それらの観光客を移住国に送り出す富める国家に関わりがあることを確認することは興味深いことである。そこではしばしばエキゾチックな観光の中傷者によって告発された誘惑効果があった。最後に、南－北の人口移動のように、そして一般に認められた観光目的に反して、まさに一種の観光定着化がある。さらに、世界観光機関は観光滞在の最大の期間を365日から延長しないのか？　それでは、モロッコのように北の来訪者の別荘や永続的な住居に南のある国家が開くことをどう考えるのか？　ある程度までは、それはますます多くのイギリス人がフランスの中央山塊地域に定住するのと同様であろう。したがって、観光はその接頭辞に含まれた「周遊の」という考えの理解を超えがちであるということを認めるのが望ましいのである。

キューバの例

　キューバの社会主義者の主流は、とりわけ生活水準の上昇に寄与しない外国の投資家（バラデロのクラブ・メッドの撤退）を拒絶する[42]。多数の外国の観光企業（キューバのガビオタと提携したアコー、メリア、ブイグなど）および200万人を少し超える外国人観光客（毎年25％増）で20億ドルを超える収入（毎年16％増）にもかかわらず、現地の給料は非常に低く（平均月8ドル）、法外な税金、理論上すべてのホテルを所有する国家の下請けの国営企業であるアコレックが膨大な利益をあげている。キューバは毎年8億ドルから12億ドルの多額の送金の恩恵に浴している。おまけに、体制は常にたいして道徳的ではない観光客とともにキューバ人の事業を優遇している。

「文明の衝突」

　もし国際観光が資本主義とともに誕生したとすれば、それは今日ではグロー

---

[42] Olivier Languepin, ≪Le tourisme ne suffira pas à sauver l'économie cubaine≫, *La Tribune*, 11 février 2005.

バル化の地政学的複雑さのなかで発展し、金融グローバル化のように、それは平和を育てられる。それは同じように社会的衝突、倫理的または宗教的緊張そして経済的不安定性をひどく恐れる。それは世界の確かな平和のバロメーターでなければならない。たとえば、国際観光の良好な数字は、おおよそでさえ、人々の調和と地球の経済の良好な機能の仕方を表している。天使のようなこのビジョンは、それが世界観光機関のものであるとはいえ、気に入られる可能性がある。

しかしながら、われわれはキリスト教文化とイスラム教文化間の実際の戦争を予告するサミュエル・P・ハンチントン[43]の恐ろしい展望を忘れることができない。ジョージ・W・ブッシュ大統領の「善と悪」の枢軸への言及と互角の力で、イデオロギー（キリスト教の西欧諸国）でないとすれば、イデオロギーの喪失において超商業化した世界とイスラムの「道徳力と倫理力」の間の衝突が問題である。ところで、地政学的なこの側面は、すでにほとんど強制労働に値する未成年者に関するセックスツーリズムのような人間関係の最も危険な形態を身につけている。旧東欧の若い娘のかたわらで約10ユーロのためにパリで売春をする若い非合法の中国人と同じように、セックスの取引は安いセックスの素人が彼らの欲求を満たすために太平洋旅行を口実にするから、さらにもっと破廉恥な方法のすべての貧しい国々に打撃を与えている。大植民地時代には、そのことは当たり前であったが、われわれは今日では産業全体が1世紀を経た経験のサービスに身を置いているような気がする。

しかしながら、至る所であるように、もし厄介者の観光の専門家のなかにいるとすれば、観光の国際的な大企業の大部分は、もちろんしばしば小児性愛と同一視されるだけにますますあらゆる売春の罪を公にする（この点に関しては、1995年にカイロで採択されたセックスツーリズムの防止対策に関する世界観光機関の声明を参照）。しかし、フランク・ミシェルが「多くの西欧人にとって、（セックスツーリズム）は新しい、われわれの時代に適応した植民地化の一形態を表している」[44]と強調していることは正しい。この言葉はとりわけわれわ

---

43) Samuel P. Huntington, *op.cit.*（サミュエル・P・ハンチントン著、鈴木主税訳、前掲書）。
44) Franck Michel, ≪Vers un tourisme sexuel de masse?≫, *Le Monde diplomatique*, août 2006.

れがいわゆる観光のヒューマニズムに逆らう適応形態に言及するときには厳しい。実際は、以上のような話は最貧国では売春は一般法の下に置かれているので、国際観光の同じ性質を示している。先にわれわれは「適応について」話した。そして、この陰気な展望において、マダガスカルの南西におけるテュレアル[5]の例を強調しなければならない。すなわち、ある両親は良心のとがめなしに旅行者の胸のなかに年頃の彼らの娘を仕向けないだろうか？　というのは、彼らがそのことを報告しており、試験的な結婚という現地の風習と矛盾しないからである。そのような慣行については、マラケシュのジャマ・エル・フナという場所で売春するモロッコの少年とほとんど同じであり、あっけにとられる。

「西洋の価値」は優位を主張するが、全く支配的ではなく、侮蔑的でもある。ところで、もしそれらが性によって示されるとすれば、それらは完全に文化的アプローチを指摘する。西欧の観光客が新興国を訪問するとき、彼らは彼らの歴史、経済的確実性、生活様式を要求するにあたり優位性を主張することがある。それは人種主義でもなく、外国人嫌いでもないが、そのことはほとんど価値がない。しかしながら、自分の流儀で、確かに西洋思想のグローバル化を問題にする世界におけるイスラムのイデオロギーの役割がある。イヴ・ラコストによると、その勢力範囲は、「西から東に13,000km、そしてウラルからモザンビークまで北から南に8,000kmに広がる非常に膨大な文化的全体（において）約13億人の男女」[45]に関わりがある（図4）。確かに宗教的信仰をひとまとめにする真のイスラム文化が存在する。なるほどそれは毎日接触する西欧諸国に耐えているが、その嫌悪はあえてイスラム批判をするや否やもっと激しくなる。それゆえわれわれはアメリカ人作家のノーマン・メイラー[46]とともに、「イスラムは技術と現代資本主義によって脅迫されていると考える」ことにある「厳格なイスラム教の反発」を想像することができる。イスラム教徒は、同じように、すべてのことは「彼らの宗教の土台を破壊することで理解され、女性に許される大きな自由は正統なイスラム教徒にとって侮辱となる」（前掲書）こと

---

45) Yves Lacoste, *Géopolitique, op.cit.*
46) Norman Mailer, *Pourquoi sommes-nous en guerre?*, Paris, Denoël, 2003.

(5) テュレアル（Tuléar）はフランス植民地時代の名称であるが、現在の名称であるトリアラ（Toliara）とともに今なお使用されている。

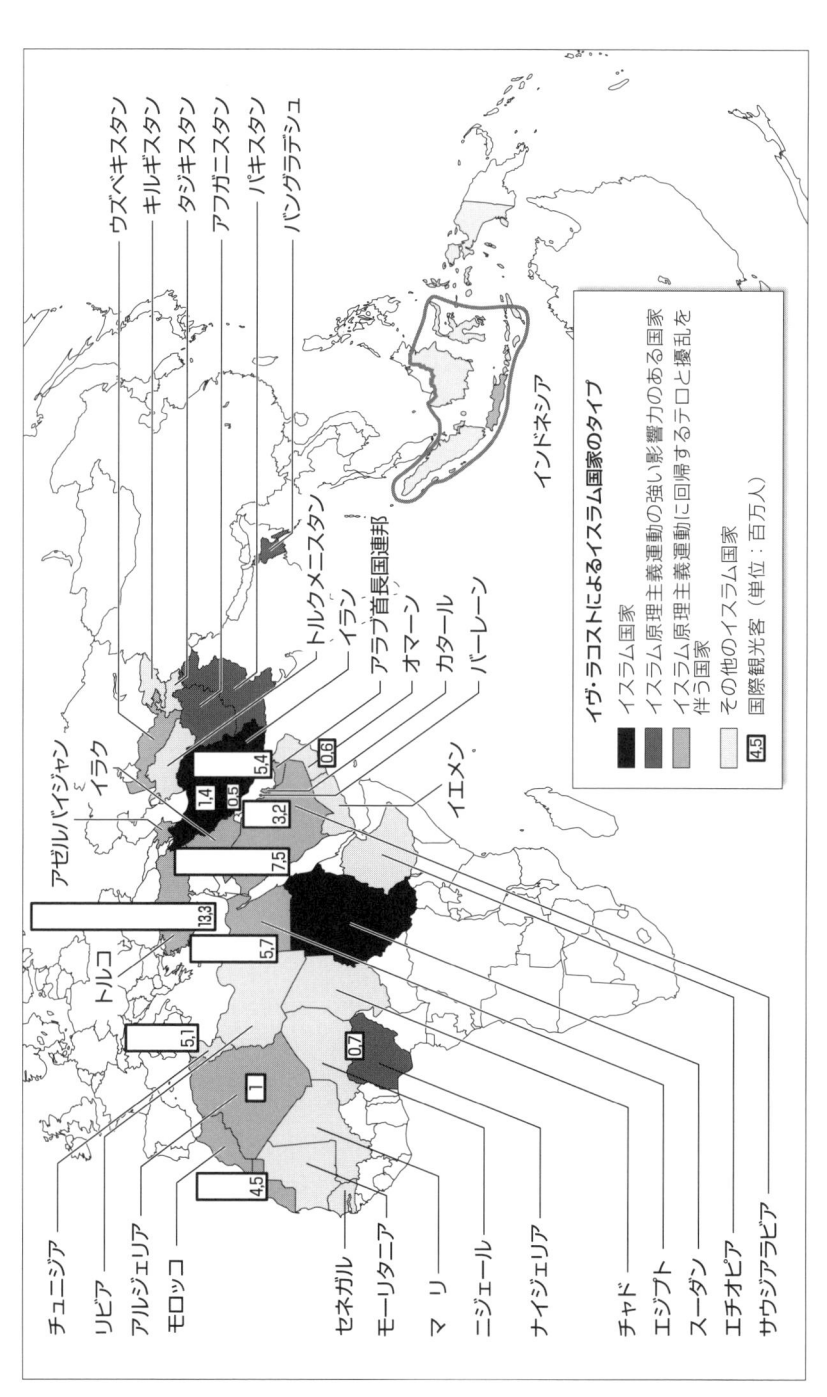

図4 イスラム世界と百万人単位で表した到着数による国際観光 (一部は Yves Lacoste, *Géopolitique, op.cit.* による)

によっては終わらないだろうか？ それは時にはさらにもっと重大である。実際、「（西洋人）に対する彼らの嫌悪の本質、それは西洋の価値を理解するにあたって理解を超えることに似たようなことに出くわすのではないかという心配である」（前掲書）。文化相互の現実のすべてを把握するのは難しいが、われわれはイスラム教徒が多くの西欧諸国民の物質主義をひどく恐れるということは理解することができる。熱心な勧誘を話すことなく、イスラムはそれでいつか世界の近代主義を前にしてたじろぐときにはキリスト教の方針に従うであろう。イスラムが少なくとも大きなスケールでも、たぶん極端なイデオロギーであることを強く主張すれば、それはずっと前からキリスト教教会ほどはもっていない特質を認めることでもある。こうして、「長い世紀にわたって、イスラムはその原初形態における信仰を復興しようとする革命によって激しく動かされてきた」（前掲書）。ところで、これらの革命は観光移動の近くで実際にあった悪い対決によって暗示されたのと同じくらい聖堂の管理人によって扇動される。

テロ

観光のこれ見よがしの割り込みに対して特定の過激なイスラム教徒を先導するテロリストの戦いに関して眼を閉じることはできない。2002年から2006年秋にかけて、原理主義的イスラム教徒のせいにされている約10のテロは観光地に打撃を与えている。こうして、われわれはエジプトでは紅海沿岸の3つのテロ（タバで34人死亡、シャルム・エル・シェイクで88人死亡、ダハブで18人死亡）、マグレブで2つのテロ（チュニジアのジェルバで21人死亡、モロッコのカサブランカで45人死亡）、インドネシアのバリで2つのテロ（2002年に202人死亡、2005年に22人死亡）、ヨルダンのアンマンで1つのテロ（57人死亡）そしてしかしながらTAK[6]または「クルディスタンの自由の鷹」に関連したトルコでは多数のテロ（2005年にクシャダスで4人死亡、2006年にイスタンブール、マルマリス、アンタルヤで3人死亡）を挙げることができる。犠牲者たちは西欧諸国の観光客ばかりではなく、現地住民とも関わりがある。さらに、観光はしばしば口実を与えている。もし原因が例の「文明の衝突」であるとすれば、エジプト、チュニジア、モロッコそしてインドネ

---

(6) Teyrênbazê Azadiya Kurdistan（クルド語）の略。

> シアの場所の選択は、たぶんこれらの国々がイスラムを危険にさらす恐れがあるということを明らかにするであろう。イスラエルと協定を結んでいるエジプトにせよ、非常に公然と「ユダヤ‐キリスト教徒」のグローバル化に加入しているモロッコまたはインドネシアにせよ。

　アルカイダのウサマ・ビン・ラディンの非合法活動は、この新しいテロリズムに大きな責任があり、たいして重要でないことはない。それは最良のこのレジスタンスの形態を表しているということは確かである。だから、ジャン＝リュック・マレ[47]がそれは「過激なイスラムのロマン主義」であると主張し、ジャン＝ピエール・ストローバン[48]が「土着のテロリズムの誕生は、アルカイダに神話、イデオロギーの後ろ盾の役割を帰着させている」と付け加えることは理にかなっている。ファルハード・ホスロハバール[49]によると、「世界各地で暮らし、共感も共通の文化も持たない、全体的に異質な経歴の非常に異なる人々は、彼らの西欧諸国の憎しみや彼らによって攻撃されるという感情を考慮してネットワークに入会することができる。なるほどそれでエリック・ドゥネセとサビーヌ・メイエールは全体的に「一方では、ウサマ・ビン・ラディンの特有の組織、そして他方では各国に根を張った多数のテロリストグループから成る組織」[50]とみなして、イスラム教徒のテロリズムをアルカイダのせいにしているのである。

　もしビン・ラディンが活動の神話的リーダーであり、「文明の衝突が西欧諸国のイニシアティブを始動させ、西欧の文化的侵略に対して警戒し」[51]、メディアの役割、教科書の改訂や卑野な思想家の影響を問題にする一般的な性格を失わずにいるとすれば、われわれは国際観光のショーウインドーのテロリストの目的を分離させることはできない。自明の事柄を何度も繰り返して満足しな

---

47) Jean-Luc Marret, *Les Fabriques du jihad*, Paris, PUF, 2005.
48) *Le Monde*, 19 avril 2006.
49) Farhad Khosrokhavar, *Quand al-Qaida parle*, Paris, Grasset, 2005.
50) Éric Denécé et Sabine Meyer, *Tourisme et Terrorisme*, Paris, Ellipses, 2006.
51) Mouna Naïm, *Le Monde*, 25 avrir 2006.

ければならないのか？　西欧諸国の観光移動は、もっと複雑な賭けではないのか？　本書の続きを先取りすることなく、われわれは観光流動がただ社会的、道徳的な結果にすぎないと言うことで満足してはいけない。ペルシア湾岸のいくつかの石油国家を除けば、ウンマ〔イスラム共同体〕またはイスラム諸国は一般にどちらかと言えば貧しく、十分に発展していない。したがって、エジプト、モロッコ、インドネシアのバリのうちの多くが豊かさ、雇用を創出し、貧困を食い止めるために観光産業を選択したとしても、それは偶然ではない。西欧の発地国とのこの妥協は、たんに観光客の拡散ではなく、考えられるより好ましい条件で受け入れる必要性という結論に達する。実際、もしこれらのイスラム教国の1つがシャリーア〔イスラム法〕を適用することを望むとすれば、女性観光客の権利（水着、公共の場所に入ることなど）を制限し、それゆえ経済発展に有害な国際観光客の流れを減少させる危険にさらすであろう。

　結論を下すために、われわれはテロリズムを一種のビジネス観光と同一視するエリック・ドゥネセとサビーヌ・メイエールの指摘に言及することができる。すなわち、「ビン・ラディンの役割は、彼のプロフィールがチェ・ゲバラよりもセルジュ・トリガノに近い［から］、革命家というよりもツアーオペレーターであった。［それは］ジハード[52]〔聖戦〕に引きずり込み、資金を供給する一種の独立企業家、テロリズムのビジネス・エンジェルであろう。［したがって］新しい聖戦主義はローコストかつ強烈なコミュニケーションであるから、テロリストたちは彼ら自身コスト・キラーである」[53]。

モロッコの例

　シャリーフ[(7)]の国家は、あらゆるレベルで、観光の非常にしっかりした発展の状況において「文明の衝突」の感覚により良くアプローチすることを可能

52）Djihadまたはjihad：「聖戦」。
53）Éric Denécé et Sabine Meyer, *op.cit.*
(7)　アラビア語で「高貴な血筋の人」を意味する。イスラム以後では、この語はもっぱら預言者ムハンマドの家族の子孫に用いられた（(社)日本イスラム協会監修（1982）『イスラム事典』平凡社、207ページ）。

ならしめる。多数の要素がそれを証明している。まず、モロッコは、その「ビジョン2010」において、観光産業を国の第1の経済軸として選択した。次に、とりわけ1999年のモハメド6世の即位後、この国家はイスラム教の領地における民主主義的拡張のシンボルには決してなっていない。最後に、そしてしばしば逆説的に、イスラム教はそこで多様なネットワークを持っている。2004年におけるカサブランカのテロ、そしてイスラム過激主義者の細胞組織の2006年8月と2007年春の失敗した秘密の計画。詳細に入ることなく、モロッコの「ブルー・プラン」は、少なくともマラケシュの保養地の先例のない発展に成功したスタイルのモデルになっている（第6章参照）。

モロッコの「ブルー・プラン」

　国会によって毎年義務を負い、確認されるこの協定・計画は、2010年に8万室のホテル収容能力の増加（30億ユーロの投資、そのうち50%は国の部分である）、60万人の雇用創出、1,000万人の国際観光客、そしておよそ80億ユーロの外貨収入の実現を予想している。しかし、外国の投資家への認可は無視できないし、その結果としての協定は、意表をついて驚かせられるかもしれない。こうしてわれわれはアコーグループのプロモーションを気に入るかもしれないし、その映画会社の1つであるリスマがカサブランカの株式市場に仰々しく登場するのを喜ぶ一方、その株主の1つである年金基金のコロニー・キャピタルは、現地を犠牲にしてタガズーの将来の複雑なホテル経営に着手するにあたり、「ブルー・プラン」の小さな部分を買い占める。

　イスラムの地中海の国際観光滞在の13%（つまり9カ国で、3,500万人以上の到着数）に対して、モロッコは毎年10%の相当な上昇をして第4位に位置している（**図5**）。10年以上後、外国人はそこでは支払い能力があり、土地やみごとな中庭付き住宅（リアド）を購入し、建築する。それらはリビエラやコスタ・ブラヴァ（第6章のマラケシュの保養地参照）において彼らが所有している膨大な私有地となっている。観光開発への西欧諸国の参加は、なるほど非難されるべきものではないが、それが生み出す方法はまさに遺恨を掻き立て、あ

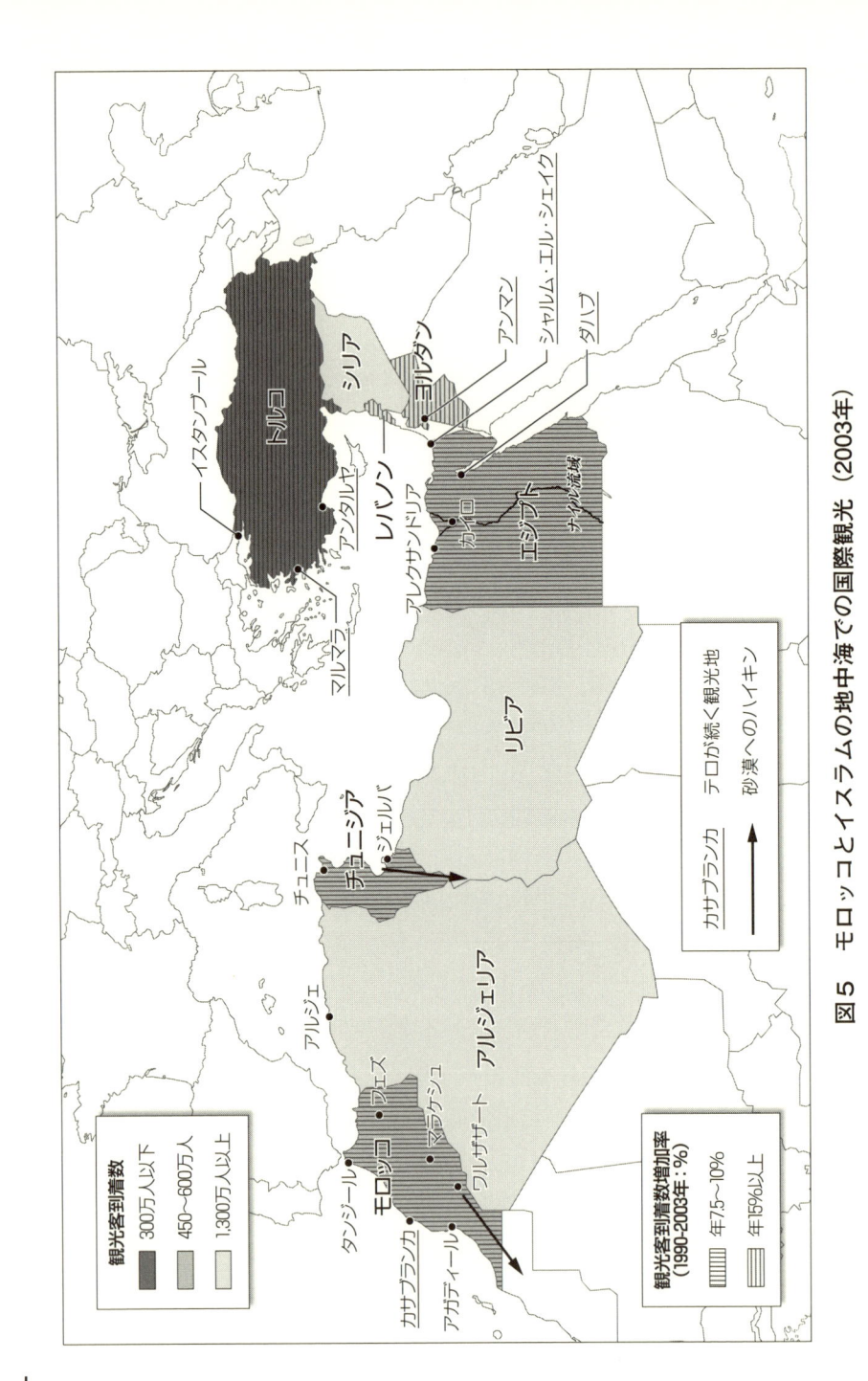

図5 モロッコとイスラムの地中海での国際観光（2003年）

44　第1章　国際観光の議論の発展

まり裕福ではない者には、ある恨みに目を覚まさせることがある。もう一度、われわれは訪問された者の敬意と観光客の良好な受け入れの間の持続的な本当の観光文化が無視されていることを残念に思う。ターハル・ベン・ジェルーンの小説『出てゆく』[54]は、モロッコ人青年のヨーロッパへの移住を論じ、大部分の若者からすれば、解放され、西洋化するが、アラーの庇護と宗教の恩恵が望めないために再び非常に貧しくなるというこの国のジレンマを投げかけている。道徳が救済するときでさえ、その悲しみにもかかわらず、あるセックスツーリズムの少数派の漂流を誇張する必要はないから、西欧諸国の中産階級の日常生活の光景は、唖然とさせられる。マラケシュの大通りや路地を大股に歩き、退廃的なスーク〔市場〕のなかで許されるあらゆるものを買う何十万人ものヨーロッパ人は、現地住民の優位に立ち、異文化性の美徳を説かない。もしたぶん「文明の衝突」がたいしてショッキングなものでなければ、裕福なモロッコ人と観光産業の従業員が彼らの同胞の大部分の貧しさを忘れるということは確かではない。彼らが多かれ少なかれ道徳的であることを熱望し、全国的な運動が政治的状況を要求するのがもっともだということもありそうである。いずれにせよ、モロッコのエリートのなかの多くは、フィリップ・コーエンによって継承された同じ言葉を繰り返している。すなわち、「ひげが伸びない前に腹を満たさなければならない」[55]。

それにもかかわらず、2007年9月の総選挙の際に、道徳的推進力の所持者と言われている公正発展党（PJD）という穏健なイスラム教徒は、いつも候補者を立てているが、少数派である。それでもやはり自由な方針のなかでのモロッコの政治参加は、大胆な賭けである。なぜなら本質上いわゆる現代リベラリズムに体をもたせかけることは破壊的であると判断するイスラムの構成要素を統合しなければならないからである。「イスラム教徒の受勲者」である国王モハメド6世は、同時に保証人で主役であり、2007年9月の非力な選挙参加（40％以下）は、彼に自由に振舞わせている。

---

54) Tahar ben Jelloun, *Partir*, Paris, Gallimard, 2006.（ターハル・ベン・ジェルーン著、香川由利子訳（2009）『出てゆく』早川書房）。
55) Philippe Cohen, ≪Maroc:pourquoi les islamistes peuvent gagner≫, *Marianne*, novembre-décembre 2006.

第 2 段階の意図

　国際観光は、内部観光または国内観光以外の次元である。実際、水の必要や廃棄物の撤去と並んであらゆる公的な場所での海岸で目に見える保養地におけるマスツーリズムの効果には、異文化性のより多くの抽象的なものの重要性が付け加わる。実際、植民地占領の影響を増している遠隔のマスツーリズムに屈服している南の国々では、この文化的混在状態は、それほど生き続けないかもしれない。すべての季節そしてより良い財政上の条件の恩恵に浴する幸福な人においては、気候と海水浴のすぐれた場所を自由に使うことができなければ、北は住民、価値、対価（セックスツーリズム）そして時々、観光施設を輸出する。ところで、たんなる植民地化はもはや問題ではないが、観光客の「さらなる欲望」[56]のたんなる投影は問題である。

　非常に貧乏な、そしてたとえばヨーロッパの多くの顧客を受け入れる地中海地域の大部分であるイスラム教徒の南においては、しばしばビザなしで来て、征服した国であるという意識をもっている西欧諸国の観光客は、見せびらかしの近代主義を誇示している。書物、雑誌、テレビ放映したルポルタージュは、毎日この文明のコントラストを示している。ところで、観光客は日々を送り、おしゃべりをする。そこでの貧しさが相対的な富裕をねたんでいるから、もしわれわれがヨーロッパの郊外における南の人々の危険な移動について話すとすれば、われわれは逆に北の一時的な移民労働者とともに南においてほとんど類似の事実を観察するということを言うのを忘れている。観光の地政学の一部分は、何千万人にもなるこの漠然とした観光客のなかに含まれる。

　最後に、われわれはCIA[57]によって作られた仮説である「新しいカリフの権力のシナリオ・フィクション」に触れずにおくことはできない。おそらく、この構成されたウンマが昔のバグダッドのカリフの権力ほども成功を収めなかったとすれば、この戦略はビン・ラディンによって誇示された野心と一致する。

---

56) Franck Michel, *Désirs d'ailleurs*, Paris, Armand Colin, 2000.
57) 中央情報局：アメリカの秘密情報機関。Alexandre Adler（présentation）, *Le rapport de la CIA, comment sera le monde en 2020*, Paris, Robert Laffont, 2005.

サウジアラビアの資産家の非常に大きな家族の1つの出身であり、厳格なワッハーブ派によって明らかな、非常に裕福で、教養のあるこの人物は、アフガニスタンと同じくパキスタンのタリバンに対して途切れることなく支援をした後、大きな政治的未来を構築することを望んでいる。したがって、ある破壊力を示すためだけでないとしたら、西欧諸国の観光客を恐れおののかせることだけが問題なのではなく、神政政治においてイスラム国家を変え、そこにシャリーアの基礎を築くことが必要である。この視角から国際観光の有害な影響もまた考慮されなければならないということである。最も貧困なものの向上に関する石油会社の相対的な失敗の後、アルカイダはおそらく近代化とそのショーウインドーである国際観光の影響を恐れている。ペルシア湾岸の小さなビジネス国家（バーレーン、アラブ首長国連邦、カタール）の最近の発展は、信用することができ、アルカイダのリーダーたちはそのことを熟慮しなければならない。

第2章

観光客の集団表象

　観光は複雑で漠然とした起源をもっているが、もしその歴史地理学が非常に異なる文明の枠内での文化的インパクトと並んでその展開を十分に理解するために必要であるとすれば、それがマスツーリズムに根を張っている以上、今日の観光の基礎を把握するのにふさわしいであろう。こうしてこの特徴はそれが「大衆」文化やそれゆえ「知的向上および労働者の教化」と対立するときには、アラン・コルバン[58]に説明を求める。事実、彼は大衆文化を観光だけに還元していないとはいえ、われわれが前章で示した欠点のせいにしている。彼によると、大衆文化は「その規格化、金儲け主義の性格、馬鹿にしたと判断された征服力」によって特徴づけられる。

　始まりはイギリス人の金利生活者の観光客を思い出させたにもかかわらず、生まれかけのマスツーリズムは資本主義のグローバル化に順応している以上、20世紀の社会以降は明確な断絶がある。さらに、資本主義との対照は、19世紀の資本主義の支配階級にならっているから、すべて社会のエリートに属しているその時代の数少ない国際観光客のことはなんら気にかけない。彼らは滞在する国のブルジョワの裕福な階級に根拠を置いている。今日、何億もの人々が尊大な態度で群れをなして世界中を遍歴するとき、この「大衆文化」は傲慢さを誇示する中産階級と一体化しているから、観光は全く他のイメージを示している。したがって、われわれはまず第1に、イギリス人の場合の観光産業の発展が支配的な役割を演じているので、観光の誕生と資本主義のそれとの間の深い結びつきを示すであろう。

---

[58] Alain Corbin (dir.), *L'Avènement des loisirs, 1850-1960*, Paris, Champs/Flammarion, 1995.（アラン・コルバンほか著、渡辺響子訳（2000）『レジャーの誕生』藤原書店）.

古代から資本主義の誕生へ

　ギリシア・ローマの古代からの「宗教観光」[59]の出現は、話がつきない観光軸を構成している。初めは、それはとりわけ巡礼の実践によって肉体と精神の間のつながりを実現している。しかしながら、「観光」と「宗教」という用語を結びつけることは、「観光」と「ヒューマニズム」の間のごく細い結びつきを思い出させるその他の意味をカバーする。こうして、重要な観光動機である温泉は、常に「聖なるもの」に属している。今日では、そしてなるほどそれにもかかわらず、とりわけ西欧諸国の国際観光客は、巡礼者と十字軍兵士の間の混同が保たれ続けているとはいえ、時々宗教的感覚を歪めている巡礼者とみなされている。それに反して、ほとんど古くから存在するビジネス観光は経済的領域における活動の位置を変え、観光の運命を中世末期にヨーロッパで始まる資本主義のそれに固定する。いずれにせよ、それは古代から始まる実際の観光地である（コラム参照）。

　もちろん、神聖な場所の少数の訪問者は、その時代には、現地住民と大きな衝突を生じることはなかった。これらの場所の宗教上の成功は、ギリシア文明の遺産の優越を維持し、確かに当時の社会の秘教的な傾向に対しては取るに足りないということではない。ギリシアでは、もし温泉が臨終前にこの観光に十分な宗教的効力を与えているとすれば、ローマには時々そのケースは少ない。われわれは紀元1世紀に国の不動産開発業者のセルギウス・オラタと呼ばれる人物が健康の問題にまさる「快楽」の渇望のためナポリ近くのバイエスで特殊な温泉地を建てたということを知っているだろうか？　最も猥褻な楽しみの方へのこの脱線は、観光が演じうる役割を物語っており、それは温泉地で多くの妻を寝取られた男がいると主張する17世紀のパリ高等法院の警告に注意を払っている。これらの歴史的来歴は、記憶にとどめておくに値する。実際、そしてフィリップ・ミュレイ[60]の快活な人間にまで到らなくても、観光の最古の歴史は十分後までそれに文字通りの崇拝を捧げる社会の根源を支えている。

---

59) Jean-Marie André et Marie-France Baslez, *Voyager dans l'Antiquité*, Paris, Fayard, 1993.
60) Philippe Muray, *op.cit.*

温泉利用への賛辞

　よくいるような巡礼者テオレスが宴会や市(いち)に際してみ言葉を述べ伝えるということが2000年以上行われている。それは確かにそこではアテネのパンアテナイア、エーゲ海のコス、小アジアのマグネシアまたはテオスの祝祭と同じタイトルで「賛辞」と称される観光の表明である。しかし、有名なピュティア、エピダウロス、ドドナなどとともにデルフォイの威厳のある聖地は、エフェソス、ディディメイオンやミレットと同じくらい先駆的な観光地である。結婚した若者そしてとりわけ外国人の若者は、この時代には非常に珍しい目的である将来を知る必要をそこで満たすようになる。次に、温泉利用はあらゆる「医療旅行」が肉体と精神の一致を求める限りにおいて最初の計画の役割を演じる。これは治療を可能にする神と同じくらい水の特徴であり、コスの場所は同時に神託と温泉であるという事実は、偶然ではない。しかしながら、温泉利用は「湿布、煎じ薬、うがい薬のような単純な薬に加えて、われわれは今後、生活の衛生、食餌療法、スポーツと散歩、そして最後にさまざまな風呂での温泉治療を強調している」[61]から今日の充実した自然観光に似ている。

　公務上の旅行は、その他のものではない。国王は領土を併合するため、合体するため、または権力を発揮するため頻繁に出かける。そしてローマ皇帝はこれらの点でギリシアの君主を模倣している。こうしてわれわれは、ハドリアヌスの例を引用することができる。すなわち「権力と軍事遠征との結合、皇帝の大旅行は、軍隊の栄光を簒奪(さんだつ)することを狙う見せびらかしである」[62]。これらのあらゆる移動の加速は、交通手段の改善によって可能となる。動物、そしてとりわけ馬に頼ることは、歩いて行く必要がない人々にとって慣例となる。また、9万km以上に達する有名なヴィア（via）というローマ街道の質は、同じように演じている。それらの大きな往来は、あらゆる種類のホテル経営、オーベルジュ（caupona）、民宿（stabulum）、「清廉なオーベルジュ」（hospitium）

---

61) Jean-Marie André et Marie-France Baslez, *Voyager dans l'Antiquité, op.cit.*
62) Ibid.

まで、同様に移動におけるある安全を伴う。もし中世ヨーロッパにおいてこの安全が既定のものから程遠いとすれば、われわれは全く同じ仕方で、端緒は水路、船尾材の舵、羅針盤、そしてラテンの三角帆の発明のため往来を促進すると主張する。

　したがって、旅行へのきっかけは増加する。十字軍またはローマやサンティアゴ・デ・コンポステラへの大巡礼以上に、とりわけ商業上の活動の非常に力強い発展がある。遠い昔の活動、それは観光客と類似の旅行者のルートへ連れて行く。フェニキア人、ギリシア人、身分が高い、ローマ帝国の事業を手広く手掛ける人たちは、ずっと東のタプロバネ（セイロン島）まで世界を探検する。われわれがその頃呼んでいたような「埃だらけの足」の商人は、しばしば危険いっぱいの生活を送る放浪する人であるが、チュートン民族のハンザのようなギルド商人やよく確認される大定期市の創出は、安定性の要因である。次第に、北ドイツ、フランドルそして北イタリアの工業地域間の交易は、シャンパーニュの定期市やケルン、ロンドン、パリ、プロヴァン、トロア、ラ・ロシェル、マルセイユ、バルセロナ、バレンシア、ローマそしてナポリのような多数の大都市を忘れることなく発展する。ビジネス観光の規模は、しかも変化させない聖なるものの領域以上に大きい。ところで、観光は最初に、そして長い間、ヨーロッパが発祥の地である資本主義と同様であることを発見する。それはもちろん偶然ではないから、われわれはこれら2要素の共存の説明を求める（下のコラム参照）。しかし、われわれはたぶん小説家である前に中国学者であるロバート・ファン・ヒューリックを信頼して、7世紀の中国における実際の宿泊業の存在に言及しなければならないであろう[63]。

資本主義と観光の間の歴史的結びつき

　資本主義と観光の発展の諸条件は、共存し、時には類似している。資本の形成は、ヨーロッパに多く移動し、すでに発展している社会階層に関係がある。貴族の債権者は彼

---

[63] Robert Van Gulik, *La Pavillon rouge*, Paris, 10/18, 1982.（ロバート・ファン・ヒューリック著、和爾桃子訳（2004）『紅楼の悪夢』早川書房）。

の権力の体面に執着し、その権力をねたみ、この新しいブルジョワ階級は多数の国家間の競争から利潤を得、そのなかの都市は繁栄する。しばしば田園から引き離された貧乏な農村の移住者としての出身の多数の農民の世界を無視して、都市の「太った人々」は、のちにヨーロッパ、次に世界を指導するようになる資本主義を構築する準備をする。ところで、事業経営は売買するため、ある可動性を必要とし、それを要求することなく観光形態を発展させる。活動的な、そしてやがて資本主義的な取引のままに、金融センターと工業センター間の多くの移動がなく、エリート主義の、そして課せられた危険に慣れたこれらの観光客は、新しい社会を形成する。「礼儀正しい」理想や無駄な支出への傾向を拒絶しながら、彼らは多数の聖や彼らが要求しない「楽しみのための旅行者」の場所である観光を工夫する。われわれはたとえそれが現代観光において二次的なものになるとしても、この歴史的な基礎を過小評価するのはまちがっている。エリート主義の観光は、今日の政治的色彩を再検討しないだろうか？ それはヨーロッパに起源を持ち、中世の時代に起源を持ち、思い出させるのに都合が良い観光の資本主義的起源を思い出させるのにふさわしい。そのことはイスラムの地中海と中国は、けれども技術的にもっと変化するが、資本主義的冒険に巻き込まれない理由を説明するが、多数の旅行者、国内のホテル経営者および外国人でにぎわう地にもかかわらず、実際の観光の流れを創出したにすぎなかった。

18世紀と19世紀のエリート主義の復活

　目に見えないぐらい観光は楽しみや見せびらかしの消費の方へ向って進化した。文化的モデルであるが、経済的な時代遅れのなかで減退するフランスにおける以上に、ヨーロッパの貴族階級はその構成要素全体において資本主義に同化し、一種の異文化性を賞賛する。世界に、とりわけ社会学的な現実に、そしてフランス語により良く順応するために、裕福な若い人々は当時パリの近くまたは、リビエラに一種の通過儀礼的な旅を実行している。さらに、われわれはイギリス人だけがかかわっていると考えるのはまちがっている。フランス語の≪ tour ≫は、たとえば≪ petit tour ≫や≪ grand tour ≫のように使用されている。われわれは用語のピカルディ地方起源を伝えているが、それはコルネイユ

やパスカルによって使用されているので、すべてのヨーロッパ貴族によって話されている宮廷のフランス語の国際的役割に危うく固執しそうになるであろう。リトレ（Littré）によると、≪tour≫という語の主要な考えは、同時に「周遊の移動」と「ごくわずかな距離」の移動である。もしそれが「国の中で旅する」または「訪問する」を意味する to tour という英語の動詞の根拠であるとすれば、それは当時次の表現、すなわち to tour around（「地域を訪問する」）を示す空間のなかで制約された旅で満足するということをただちに示すであろう。

　意味論上のこのアプローチは、偶然ではない。たとえば、イギリスの貴族にとっては、この≪petits≫と≪grnds tours≫は、地域的な暗示的意味を伴った国際的性格をもっている。われわれは危険な探検に身をさらすことがないという感覚で地中海の浜辺までフランスに出かける。たちまち、実際の観光の誕生前に、われわれは国内的な性格をもっている特殊な旅行が存在するように思われる。それはまさに周知の社会的環境において境を接するところでの習慣となった周遊的な移動という意味である。言い換えれば、始まりかけた近代観光はその基礎となっている旅行が専属的社会的環境に含まれるということを意味する。それは古代の宗教的観光または中世のイタリアやフランドル地方の卸売商人の商用観光の際に同じように使用された≪tour≫と≪tourisme≫という語の意味である。もしそれに異文化的な文脈があるとすれば、それは「文化的衝突」を食い止め、いわんやイスラム原理主義者の実際のイデオロギー対立を否認する経済活動に含まれる。

　18世紀末と19世紀初めに、イギリス人はフランス人が≪touriste≫と≪tourisme≫の形態の下で手直ししない前に tourist と tourism という用語を創出している。しかしながら、その点で再び、この遅すぎた書き替えは考察に値する。これらの単語が結局フランスで認められるためにはなぜ1838年に出版されたスタンダールの著書『ある旅行者の手記』を待たなければならないのか？この時代よりももっと前に、私が近著で指摘したように、多数の人々のフランス語の文体のなかには後世に伝わっていないが観光客を想起させるものがある[64]。ところで、もし≪voyageur≫が≪touriste≫という意味であったとす

---

64) Jean-Michel Hoerner, *Mémoires d'un nouveau touriste*, Éditions Balzac/CirVath, Lyon, 2006.

れば、それは再び説明の要素を示し、「観光」の境界を固定するという文脈である。時代のロマンは、憂鬱と旅のセンスすなわち観光の実施によって象徴される。さらに、世紀全体がそれらの出現を容易にするとき、実際の観光客は、とりわけ有閑階級（コラム参照）の金利生活者であろう。

　先の定義をもとにして、観光は19世紀中にヨーロッパと北アメリカで大いに発展する。限られた条件のなかで、そして資本主義の強力な拡大によって示されたますます専門化された枠内におけるその発展は、同時に安心感を与え、より速い交通や銀行と保険が主要なものである経済活動形態を魅惑的なものにする組織の役割の増大を必要とする。商用旅行は減速し、もし観光客を演じるスタンダールの書物の主人公が「厳格な商人」であるとすれば、それは偶然ではない。探検するために旅行するのが問題ではなく、取引を満足させ、契約書にサインし、工場を建設し、出発地の向こうに事業を拡大するために移動する。そのうえ、「聖なるもの」がその場所を持ち続けるとすれば、より多くの土地を所有する「楽しみ」は社会の発展と収入の増大を確認する。至る所で、近代主義にもかかわらず、食料不足の影響を受けた都市がどんどん大きくなる。ところで、われわれが裕福であるときには、それを回避し、田舎や海岸の片隅で楽しむことを望む。したがって、偉大な産業革命の父であるイギリス人は、この進歩した観光をもたらしたのは当然の帰結である。

イギリスの金利生活者

　金持ち、金利生活者そして観光客は、ほとんど同義語になり、文学のなかでわれわれはこれらの「周遊移動」の愛好者を戯画化し始める。マルク・ボワイエによると、「金利生活者は工業国の人口の少なくとも1/10という重要な社会的グループであり、働くことなく生活できる特権者よりは昔からの成り金の資産は少ない」[65]。彼らが少しでも外国人そしてとくにイギリス人であれば、彼らは年代記作者の対象になる。エミール・リトレの辞書は、観光客はイギリス人が当然目的とする「好奇心や暇によって外国を遍歴するにすぎない旅行者」である。1829年に『英国評論』(*La Revue Britannique*)によって公に

---

65) Marc Boyer, *Le Tourisme*, Paris, Le Seuil, 1982.

された注釈は、それらの起源から現代観光の重要性を要約している。すなわち、「移り気な観光客に関しては、彼らは退屈を追い払うため大通りを行き来し、気取った滑稽な人間を無視し、無視しながら日光のなかで旋回する極微動物のように地球上で遊び、彼らは何も見ないし、人々はそれらに気づいていない」。あたかもわれわれが心と身体を同時にさすらわせるかのように、観光の経済的・社会的インパクトはくつろいだ旅行には取るに足りない地位しかないとわれわれは判断する。

　すでに「金利生活者」の主要な活動である観光は、最もゆとりのある中産階級によっても評価されている。しかし、スタンダールとロバート・スティーブンソンがわめいているように、「楽しみのための旅行」は、自由時間を必要とし、とりわけ資本家や高級官吏に限定されるバカンスの出現を見るためには世紀末を待たなければならない。したがって、われわれは冒険精神を満足させるためにもやい綱を解いて旅に出発するようには観光をしない。ウジェーヌ・ラビシュの喜劇『ペリション氏の旅』（1860年）は、英雄は金利生活者になるから観光すると指摘し、彼らの職場からごくわずか離れることを正当化するためにある中心人物がもっているあらゆる苦しみとつかず離れずにいることを強調する。しかし、「彼らにあって知的であるとすれば、なぜフランス人が旅行において獣のような人間であるかということを私はいつも自問している」という登場人物の１人の意見もまた観光の悪評を強めている。それは経済活動の流れに逆らっている。

　すべての季節に快適な気候条件を楽しむことができる等温性の経験のほかに、マルク・ボワイエによると、われわれは主要な４つのタイプの滞在地を挙げることができる。すなわち、〔１〕贅沢な生活のためと同じくらい健康問題を追求する湯治場（スパ、レナニー、ヴィシー、エクス・レ・バン、プロンビエール………）、〔２〕温泉利用に類似している海水浴場、〔３〕どちらかというと短い滞在のため、とりわけ夏の間、真価を認められる山岳（スイス、サヴォワ………）、〔４〕イギリスのジェントリーのような狩猟を渇望する金利生活者によって重んじられる田舎の邸宅[66]。観光地の減少は、最も現代的な都市計画の

---

66) Marc Boyer, *op.cit.*

着想を得て大きくなる。民間企業や不動産業者のおかげで不動産開発業者が顧客を引き寄せるための論拠を競う分譲地は、海岸線上に築かれ、すばらしい別荘は保養地で栄える。ブライトン、カブール（マルセル・プルーストの『バルベック』）、ドーヴィル、ビアリッツ、カンヌ、ニース、サン・レモ、アカプルコそしてとりわけ繁栄しているところはすぐれたホテル経営の誕生にもかかわらず、別荘の優位を誇示している。われわれはドイツの有名なベデカーのような新しくて豊富なガイドブックの恩恵に浴しているもっと遠方の旅行（北アフリカ、エジプト、ギリシア、近東諸国………）の始まりに触れずにすますことはできない。19世紀は旅行産業を創り出すという意味で、観光の民主化をも示している。われわれは旅行産業の誕生とその他のもの、大都市や都市のストレスの誕生、解き放たれた工業化、銀行・保険部門の重要性、交通とりわけ鉄道の役割の増大で強化されているその時代のヨーロッパ、とりわけイギリスの社会・経済的状況の間の対照をも強調しなければならない。

　ホテル経営はそれだけにはとどまってはいないし、豪華ホテルにおけるドイツのブラスリー(8)の模様替えは成功し、ロンドンのサヴォイやとりわけパリのリッツのような豪華ホテルまで、それは最も清潔な浴室、エレベーター、アメリカ風の内装の建物そしてオーギュスト・エスコフィエの評判の良い料理と一体化している。しかしながら、最初の大ホテルチェーンが現れるのを見るためには次の世紀の1920年代を待たなければならない。

トマス・クック

　パッケージツアーの誕生は、世界の3番目の旅行業者またはツアーオペレーター（ドイツの元グループ、コンドル＆ネッカーマン）にその名をとどめているトマス・クックとかいう人の波乱に富んだ意外な出来事に要約される。25歳になったとき、建具屋、清教徒そしてバプティスト派説教師のトマス・クックは、アルコール中毒患者の関心をもっと呼び覚ますために1841年7月に鉄道によって短い旅行を組織するという着想を得た。500人の人々は、たった1シリングの恩恵に浴するために、小型レーズンパン、紅茶、ゲーム、

（8）ビールと食事の店、カフェレストラン。

歌そして例の禁酒の説教を組み合わせたレスター‐ラフバラ往復（10マイル）の誘いに応えている。この成功に力づけられ、彼は絶えず発展する最初の旅行代理店（すでにツアー・オペレーティングとの混同）を創設している。

　トマス・クックは同様にエコスへの「娯楽列車」を設け、ロンドン（1851年）とパリ（1855年、1867年、1878年）の「大博覧会」における滞在を組織し、インドとメッカへの巡礼旅行を提案し、最初の海上クルーズ（エジプトとインド）から最初の世界ツアーまでを創出している。彼は「ホテルクーポン」（またはヴァウチャー）を思いつき、アメリカの商売敵であるアメリカン・エキスプレスが1891年に作成した「旅行小切手」（またはトラベラーズ・チェック）の先祖であるクックのサーキュラー・ノート〔循環信用状〕を1873年に考案している。彼の死後、トマス・クック社は彼の息子たちであるジョン‐メイソンに160社と1,700人の従業員の主権を委ねている。後に、企業はとくにアメリカン・エキスプレスに加えて、ノルウェーのベネット、ドイツのシュタンゲンそしてスイスのクオニが生まれている間に、国際寝台車会社〔ワゴン・リ社〕（CIWLT、ベルギーの会社）と合併している。

20世紀における観光と自由時間の結合

　「観光」と「余暇」という用語の混同は、通貨変動を理由とする20世紀初頭の危機においてもはや金利生活者だけのものではなく、労働者の自由の空間と一体化している自由時間の出現となる。全体主義政権と結びついた、ある曖昧さにもかかわらず、われわれは世界観光機関の側では今日次第に忘れている「ソーシャルツーリズム」[67]という語が必要になる。それは大量の観光出版物、組合の増加（団体観光）、実際の法律、そしてもちろん自由時間の増加の恩恵に浴している。今日では、観光の大衆化、時には彼らの不健全さを伴った世界中への観光客の強制的侵入は、自由時間というものの現象を分解させがちである。しかしながら、観光の地政学は、もしそれらが何億人をも考慮に入れるとすれ

67）Arthur Haulot, *Tourisme et Environnement*, Verviers, Marabout, 1974. ソーシャルツーリズムは、観光がたとえば教育のように社会にとって必要なものであることを意味している。この概念は、このように1936年のフランスにあるとみなされている有給休暇の精神に対応している。

ば、今日では再び最大部分の人々を進路の縁に置き忘れる社会的指向を忘れることはできない。富める国の住民の1/3以下はバカンスに出かけないが、貧乏な国の住民の90%はこの言葉の意味すら知らずにいる。

　20世紀初めに、サラリーマンはまだ富める国における多数派ではないが、その割合は年ごとに増加している。しかしながら、彼らに有給休暇を提供している国はほとんど見られない。それはいくつかの社会的カテゴリー、とりわけ高級幹部や危険な職業の労働者（たとえば、坑夫）に限られており、2週間を超えない。それ以上にそれは彼らに1905年に与えているドイツ、1910年のオーストリア－ハンガリーとスカンジナビア諸国、1920年代初めのチェコスロバキア、ポーランドそしてルクセンブルクのようないくつかの国々では一般化されている。他方、アングロ・サクソン諸国は祭日によって週末を広げることになる銀行休暇法の手法を提案している。今日、アメリカや日本では、まだ2週間の有給休暇に多数の休業日を加えているにすぎない。

　しかしながら、観光の社会的必要は極端なナショナリストの計画に加えることができる。観光客は、一種の「戦争の休養」の仕方に加入させられ、国際観光は送り出しと受け入れの観点から遠ざけられる。ドイツとイタリアのようなファシストの国々は、この精神において有給休暇と結びついた観光を理解している。イタリア人のドーポラボーロ[9]（「労働の後」）と同様にドイツ人のクラフト・ドゥルヒ・フロイデ[10]（「喜びを通じて力を」）、これはマルク・ボワイエにとっては、「当時、政府に労働者のバカンスへの出発を奨励し、彼らの余暇を組織するイデオロギー的な動機」[68]である。さらに、われわれは同じ著者によって引用された『インペロ』(*Impero*)（1929年）という雑誌によると、「イタリアのファシストは、外国人に楽しみを与えるまでは身を落としてはいない。また、彼らは名誉を傷つける観光産業を捨て、それなしで完全に生きることができる」ということを想起する。国際観光客に向けられた視線は、外国

---

68) Marc Boyer, *op.cit.*
(9) dopolavoro（正式名称は「全国余暇事業団」）。イタリアのファシスト政権下のレジャーとレクリエーションの職場クラブ。
(10) Kraft durch Freude。ドイツのナチス政権下で国民に多様な余暇活動を提供した組織で、「歓喜力行団」と称している。

為替の供給者が望まないのと同じように、外国人によると特定の集団表象からは害のないことはない。国家主義的性格の社会的な内部観光と最も国際的な観光を結びつけることはできないだろうか？　チトーのユーゴスラビアにおいては、フランスとドイツの観光客は、バカンスで全国の労働者をクルージングさせることができるが、理論上は2つの観光は混合させることなく共存するであろう。それはフェデリコ・フェリーニの映画『アマルコルド』（1973年）を思い出すことで十分である。1930年のすばらしい夏のアドリア海岸でわれわれは、愛国的なバカンスにおいて謙虚なイタリアの民衆が晩年に裕福な観光客が全面的な自由を口実にして逃げ出す巨大な、金ぴかの色の巨大客船を熱狂のなかで発見するため、一時しのぎの多数の小舟で出発するのを見かける。

　フランス人は有給休暇を最初に創出したのではないと言われているが、それは1950年代のマスツーリズムが成功して普及する基盤である。いくつもの要素が1936年6月にフランスのすべての給与生活者に2週間の有給休暇を与えるというレオン・ブルムの人民戦線の決定を伴っている。この政治的決定の前では、有給休暇は評判が悪い。左派政党と労働組合は、「怠惰」の告発ではないとして彼らの綱領のなかにこの措置を記入していない。もしすでに使用者がバカンスに同意することを強制されていたとすれば、会社の保守派も資本流出の論拠を主張する。後にこれらの懸念は、200万人のスト参加者に直面して砕けて飛び散る。しかしながら、それは別問題であり、もっと正当な社会にしたい気持ちを表している若者の表現である。レオン・ブルムは人をつかみ、こうして彼のリーダーシップを正当化する才覚を持っている。それはのちに軽蔑的な意味で「マスツーリズム」と名付けられるソーシャルツーリズムの誕生である。実際、「40％引きでの毎年の人民の休暇クーポンをもらってバカンスに出かける60万人の労働者たち」[69]は、帰省、戸外でのスポーツの趣味やレオ・ラグランジュの人気によって実現されたある種の連帯精神に基礎を置く自由観光を賞賛する。

---

69) Antonie de Baeque, ≪ Et Blum créa les "vacances payées" ≫, *Libération*, 20 juin 2006.

「新しい考え方」

　レオン・ブルムは、観光や有給休暇を問題にする「新しい考え方」について話していないだろうか？　彼は「すべてのことがフランスでは人間的条件を際立たせている」と付け加えていないだろうか？　彼の〔内閣の〕大臣であるレオ・ラグランジュは、「各人が民主主義の自由で、公正なゲームに参加することができるために道を開かなければならない」とは主張しないか？　元老院では、たぶん渋々、「労働が彼に権利を与えるバカンスの日を自分のものといっしょに共有する家長」を認める方がよいとは言わないだろうか？　しかしながら、マルク・ボワイエ（前掲書）は、受け入れた考え方とは逆に、これらの有給休暇の新しい観光客は、前年確認された出発よりもかろうじて多い。保守派の新聞が「日曜日のピクニックをする人たち」によって突然侵入される海岸の方への「赤い潮」の烙印を押すとき、多くの観察者は地中海岸がすでに大衆によって追い払われる前に山岳の方を好む富める人々によって見捨てられているということを確認する。

　なるほど、この観光は民主主義の長所に関係があるが、それはとりわけスカンジナビアの社会民主主義において遠慮がちにかつ大混乱なく示される運動である「人間中心主義の社会主義」の意向を表している。再びレオン・ブルムが言っているように、「余暇に軍隊式を押し付ける民主主義国を問題にすることはできない」。したがって、1936年の人民戦線は、たぶんそれにもかかわらず、現代観光を考え出し、たとえその傾向がすでに時代の雰囲気のなかにあるとしても、それは強調すべきである。まず第1に、観光地は生活水準との関連で自分自身の魅力を明らかにしている。季節任せの保養地は、時代遅れの考え方となっており、たんに金利生活者に用意されているものの数は減少している。われわれは遠出をするため、冬にスキーをするために山岳へ出かける。われわれは海水浴をするため、そして女性たちは日焼け止めクリームの発明にもかかわらず、とても白い肌の状態に戻す危険を冒して日光浴をするためにさえ海へ出かける。われわれは家族の出身地に潜り込むために田舎へも出かける。

　もしホテルチェーンがコンラッド・ヒルトンとともに1920年代以降に出現するとすれば、それはこの産業は1936年以前と戦後は調子が悪いということを思

い出すべきである。われわれはニースやイエールでの「ホテルの墓場」については語らないだろうか？　観光産業は活力剤を必要としており、われわれはそれがケインズ学派の需要理論に基づいて新しい消費者を創出するという考えをもって自由時間への接近を助長すると考えることができる。いくつかの政府決定は、社会的措置によるこの運動を伴う。鉄道割引切符、組合への補助金、マルク・ボワイエの著書で指摘されたバカンス植民地の組織は、前途有望な新しい活動への経済的支援を表している。したがって、それは人民戦線の決定を始動させる観光革命を強調しなければならない。トマス・クックは旅行産業を生み出し、貴族は旅行のロマンを考え出し、都市のストレスは観光地の熱狂を始動させ、人民戦線は観光産業の相当な拡大を準備する。事実、それは裕福な人々やあまり裕福でない人々と関係があり、最初の世界的な経済活動を非常に早く生むマスツーリズムであることを示している。

文化とマスツーリズム

　マスツーリズムの考案は、ある数の条件が徐々に結合した後（自由時間の増大、所得の上昇、交通の改善）、新しい力強い経済活動の必要と十分に結びつけられる。しかし、そのことはとりわけ中産階級の潜在的な増大と一致している。余暇は久しく裕福な階級、すなわちそれがそれほど厳格なものにならないとすぐに貴族階級と中産階級に当てられた特権となっているので、十分な収入のある、富める国の大部分の住民は、ある種の最も裕福な生活様式を取り入れてツアーに出かけることにあこがれる。観光はこのようにして、余暇の主要な活動となる。観光客は2つの起源、すなわち旅行者の手段とセンスを持つ貴族の起源と探検の情熱を持つ探検家の起源を持っている。ところで、大衆の現代の観光客は、たとえ「観光が明らかに消失の運命にある貴族的で、エリート主義の生活様式の延長である」[70] としても、両方と断絶している。この点は大変重要であり、旅行者のカテゴリー、すなわち一方では「消極的」かつ「低

---

70) Franck Michel, *Désirs d'ailleurs*, Paris, Armand Colin, 2000.

級」、他方では「積極的」かつ「高級」に反対するときに、ニーチェ[71]を引用するのは興味深いことである。後者は消え失せ、他方は破廉恥にも中産階級のうぬぼれを見せびらかしている。マスツーリズムの誕生の50年以上も前に、前兆を描いたグループは現代観光を描いている（フヌイヤール一族に関するコラム参照）。

現代の観光客は、観光大衆の目を逃れるため旅行者になることを熱望するが、ミシェル・ウエルベック[72]がダブルバインド[73]〔二重拘束〕という社会学的症候群を利用するのを強調しているように、彼がそこに達すると信じるや否や、その他の観光客はそれに近づき、彼が失敗するとすぐにそれを示す。その他の著者は、この力強い印象を裏付けている。たとえば、ジャン＝ディディエ・ウルバンは「観光客が他のもののなかで鏡を見れば見るほど、それは彼には耐えられない」[74]と主張し、ニコル・アイスラーは「私は旅行が好きだから観光を憎む」[75]と付け加える。彼らに関しては、「驚くべき旅行者」は、率直に「ふと見つけ、足跡を延ばす教科書なしに旅をすること」[76]を不思議に思う。われわれはすでに観光と聖なるものの間に存在する古くからの関係について強調してきた。そして、それはわれわれが偉大な写真家や映画によって賛美された場所を訪れる宗教と無関係の巡礼者のような観光客を考えることができる理由である。「山岳の頂上、海洋の広大さ、天体の回転に感心する人間は、それら自身から離れていく」という言によれば、聖オーギュストを引き合いに出してイタリア人の詩人ペトラルカを翻訳するという逆行が問題なのではないのか？世界を変えなければ、観光客は世界を変えるから、現代観光はまさにうぬぼれの強いものになるだろう。しかし、「ツアー」または周遊旅行を実行し、それは常に普通の状態に戻り、同様に彼ら自身知らなかったか、同じようなやり方

---

71) Frederic Nietzsche, *op.cit.*
72) Michel Houellebecq, *Plateforme*, Paris, Flammarion, 2001.
73) 「ダブルバインド」の翻訳は、その闇から逃げる人間の不可能性を思い出させる。すなわち、人間は闇から逃れると信じるが、闇は人間を再び捕える。
74) Jean-Didier Urbain, *L'Idot du voyage*, Paris, Plon, 1991.
75) Nicole Heissler, ≪ Voyage et/ou Tourisme, du rêve à la consommation ≫, *Tourisme et Société*, Paris, L'Harmattan, 1992.
76) Michel Le Bris, ≪ Texte de présentation ≫, *Étonnants voyageurs*, Paris, Flammarion, 1999.

では知らない何か珍しい経験に富む人生を送ったのとは別のものを示している。

> ## フヌイヤール一族
>
> 　驚くべきことを明らかにする珍しい作品のなかで、クリストフ[77]というペンネームを使用したすぐれた植物学者によって1893年に出版された「フヌイヤール一族」という劇画を注意して読まなければならない。もちろん、そのジャンルは未成年者向けであるから、人々はほんとうに理屈としては子どもに当てられたこの絵本には関心を持っていない。それは残念である。実際、その分析の終わりには、われわれはフヌイヤールであるメリヤス工(こう)にならって転換しつつある当時の中産階級は、実際の大衆の観光客に似ているということを理解する。そのころクリストフは、前駆性のビジョンを持っている。また、たぶん医師ギ・モーブによって催眠術をかけられたフヌイヤールは、彼の眠りのなかでのみ旅行し(「われわれは旅行する」とニーチェは言った)、観光客になるであろう。
>
> 　そのことはマルク・ボワイエが指摘しているように、「旅行と観光を区別する。彼はルート上の最初の教育に役立つ、自由な、リュックサックの旅行をほめそやす。彼は放浪青年の案内の150年前に同じ儀式をする観光客を戯画化している」[78] もっと古いスイスのロドルフ・テープファーの戯画（ジグザグ流の旅行、1844年）を想起させる。われわれはカナダの毛皮専門猟師のスー族、日本人または人食いのパパア人のところでフヌイヤールを見ないか？　彼らは彼らの文明の絶対的支配を信じるから、彼らの優越意識の複合は彼らの睡眠中に夢を与える。そのうえ、植民地形態のあらゆる成分は、たぶん植民地時代に対して著者の人を馬鹿にした仕草をしているものを集めている。

　われわれは肝心なことを忘れるため、観光客の想像の世界の探求について多くのことを話した。また、想像力、財政的な手段そして見せびらかしの快楽を要求する地位、そのうえ彼は本当にまたは現代の主人公になると信じさせていると思っている。われわれはあたかも征服したかのように、「今年の夏、われ

---

77) Christophe, *La Famille Fenouillard*, Paris, Armand Colin, 1893.
78) Marc Boyer, *Histoire du tourisme de masse*, Que sais-je?, n° 3480, Paris, PUF, 1999.

われはトルコへ旅行した」と聞かないのか？　今日の何億人もの観光客は、もし中産階級が何十年間のうちに野蛮のなかで失われる権力のように思われるとすれば[79]、今では相対的な漂流のなかにいるにすぎない中産階級の拡大と結びつけられている[80]。それはたとえ富める国の5億人[81]の国際観光客が2/3を代表しているとしても、それを定義する意図から外れるであろう。いずれにせよ、中産階級は生活の計画を立てるように観光を組織する。「旅行者は航空券を買う前に頭の中で旅行する」[82]限りにおいて、ジャン=マリー・ミオセック[83]によると、彼はまず選ばれた目的地の理論的な知識に基づいた「文化的イメージ」を生きる前に宣伝戦略によって動かされた主体的な現実の種類である「グローバルなイメージ」を理解し、最後に決定的な選択である「新しいイメージ」または機能的イメージに入る。

　しかしながら、中産階級の境遇に特有の、最近の仮説がある。中産階級は確かに繁栄し続けているだろうか？　ルイ・ショーベルの悲観的であるが理性的な話に加えて、われわれはヒトラー支配下で破産させられたとき、1920年代のドイツにおける「新中産階級」のみじめな例を思い出すことができる。株式相場の暴落から暴落へのような可能性は考えうるし、最も悲劇的な結果に加えて、マスツーリズムの終焉が考えられるようになるであろう。他方、われわれは観光において「民主的な消費者の野蛮」[84]を見て、18世紀文明を表したこの特徴は、「宗教的な伝統における知的な価値の改正」の方へ仕向けられていないと想像することができる。そのことはイスラムのある反応を説明し、多くの西欧諸国において前述の観光ヒューマニズムを金で売る。これらの条件において、中産階級の最も裕福な一部に関わるエリート観光が維持されているだけである。

---

79) Jean-Michel Hoerner, *Les Classes moyennes dans la barbarie*, Éditions Balzac, 2002. 国際観光のあまりにもアンチテーゼである本書は、南の移民労働者の非同化の悲劇的な結果を予言している。
80) Louis Chaubel, *op.cit.*
81) われわれは総計8億5,000万人の到着数のこの予想を推定する。
82) Nicole Heissler, *op.cit.*
83) Jean-Marie Miossec, ≪L'image touristique comme introduction à la géographie du tourisme≫, *Annales de géographie*, Paris, janvier-février 1977.
84) Jacques Rancière, ≪"Républicains", disent-ils---≫, *Le nouvel Observateur*, décembre-janvier 2006-2007.

第3段階の意図：観光科学の貢献

　2000年夏の初めに公にされた論文[85]における「観光科学」の承認は、真の論争を始動させ、「観光学」と呼ぶ事実は挑発に似つかわしいものであった。なるほど、あらゆる経済活動は常に科学に帰着するのではなく、この際、世界観光機関の定義または観光概念なしには、筆者はたぶん決して観光科学を練り上げることを意図しなかったであろう。実際、われわれは科学的に構築し、分析していない概念を本気で理解することができるだろうか？　われわれは知っているように、義務でないとしたら、本来の唯一の科学はそれを問題にする資格がある。

　確かに、地政学者、地理学者、社会学者、経済学者、法律または経営の専門家たちは、深刻さをもって観光の現実を検討している。そして、行為を続ける。しかしながら、われわれは、戦争学を使う戦争と同様、もし観光が自分の科学を使うことができないとすれば、不思議に思う。フェルナン・ブローデルは、「もしあるものがここでたった今生まれ、他のものが明日生まれる」とすれば、われわれが「新しい科学の増殖」[86]に居合わせるであろうとは言えないのか？この際、観光は社会を作り上げる傾向があり、われわれはそれを十分に正当化しようと努めるために適切なばねを保有すると思うことができるだろう。もし「科学の対象が同じように諸現象に従い、理論のなかで組み合わせる法則を発見し、言い表す」[87]とすれば、非常に総合的で、その他の人文科学や社会科学のように偏狭ではない仮定の観光科学は、新しいアプローチを可能ならしめるであろう。したがって、ちょっとふざけた印象のもとで、観光はわれわれが過小評価する問題を取り上げると仮定する。この観光科学は経営学、経済学、社会学、人口学などの基礎を検討しないが、常にこれらの科学の唯一のものには関わらない諸現象を分析するためにしばしばすでに実施した総合を把握するで

---

85) Jean-Michel Hoerner, ≪Pour la reconnaissance d'une science touristique≫, *Revue ESPACES, tourisme et loisirs*, n° 173, Paris, 2000.
86) Fernand Braudel, *L'Histoire au quotidien*, Paris, Éditions de Fallois, 2001.
87) Gérard Durozoi et André Roussel, *Dictionnaire de philosophie*, Paris, Nathan, 1990.

あろう。だからそれは、学際的であり、観光地の景観を研究し、訪問された住民や観光客の社会心理学に専心し、発地と受け入れ地の流動を測定し、ホテル経営や旅行部門の経済的集積の大きさを算定し、地域や国の観光政策を考慮し、季節性の効果を検討することができるのである。

　方法論に関して、それは人文科学と社会科学に固有の手段のパネル調査を使用する。すなわち、〔1〕資料、統計、結果に頼ること、〔2〕地域に関するアンケートの実施、〔3〕研究会における反映、すなわち結果の比較、〔4〕より適切なその他の科学をはみ出すことのないメカニズムのもっと理論的な研究などである。そのフィールドは、無限である。われわれはさらに流動性、旅程、観光（MIT）[88]センター長であるレミー・クナフーの近くのある大学教員は、観光に特有の全国大学会議（CNU）[89]のセクションの創設を要求することを喜ぶことができる。そのことは、周知の科学に関係がない研究者にあまり信用できないと判断される観光研究に巻き込まれ、最後に彼らの研究業績を再認識することの恩恵に浴するのを見ることを可能ならしめるであろう。観光の高等人材育成に専門家が不足してはいないだろうか？　2002年2月のマラケシュでの国際フォーラムの際には、世界ホテル経営・観光人材育成協会（AMFORHT）は、観光科学の到来に有利に働いた。すなわち、「その方法は人文科学と社会科学の混交に位置づけられるが、同様にその道具や特別な概念を展開する。観光学の究極の目的は、ホテル経営と観光における専門の人材育成水準を引き上げて、すでに積極的な研究を自律的にし、観光のプロの用具を効率化し、観光分野を科学的な知識体系に配置することからなる」。

　筆者としては、異なる著書（カトリーヌ・シカールと共著の『観光科学』[90]そして『観光学概論』[91]）におけるこの題材の科学的な側面を十分に擁護してきた。クロード・オリジェ・デュ・クリュゾーは同様に「現状によって引き起こされた内部矛盾が臨界点に達し始めるから、観光学の到来は（………）もは

---

88) Centre de recherche de l'université Paris-7: ≪ Mobilités, Itinéraires, Tourisme ≫.
89) 助教授と教授に資格を与え、保証する全国大学評議会（CNU）は、約80の部門を含んでおり、そのうちのほぼ1/3は人文科学と社会科学である。
90) *La science du tourisme, op.cit.*
91) Jean-Michel Hoerner, *Traité de tourismologie, pour une nouvelle science touristique*, Presses universitaires de Perpignan, 2002.

や時宜を得ることはできない」[92]と考えている。観光科学は今では英語圏の多くの国々と同様、ポルトガル、モロッコ、アルジェリア、チュニジア、レバノン、ベトナム、マダガスカルで教えられている。しかしながら、ジャン=ミシェル・ドゥエリーは、「使命が正確に世界を通して観光に感動的な概念を統一することができるようになる」[93]世界観光機関を考えることを十分に想起させた後、同業組合主義の地理学者においては、「学際性と境界領域」の関心はない。ところで、他方では観光以上に広大な領域を有している地理学としての地政学は、サービス部門の驚異的な発展に応じて、時々観光活動のあらゆる複雑さを考慮する力がないままである。

　観光の非西洋的認識の関心を強調している『南から見た国際観光』という著書において、ミムン・ヒラリ[94]は、この「学問はますます鋭い、掘り下げた貢献によってその青春期を全く苦労して生きているように思われる」ということに注目している。しかし、ちょうどシャリーフの権威者がそれを彼らの国の経済的先兵にしようとしたときに、多くの北の大学教員は国際観光が何らかの利益をあげると思い切ってイメージするにすぎないと後悔している。この苦渋は、さらに「フランスの研究者が証拠としての誕生の行為とともに観光学の独立を仰々しく［主張する］」のを喜ぶように導く。その「独立の」意識を要求するに際して、彼は十分に確立された科学の誘惑に乗らない支持者にあっては特定の植民地主義的な意図のせいにはされないのか？　南の住民の強い願望を考慮に入れる科学を創造することはできないのか？　観光科学を理解するにあたっては、私はこの目的を考えるところではない。われわれは観光が信頼のできるものではない、と何度も言ってきた。ところで、ヒラリによると、われわれは「前世紀の中頃に自由経済のために選んだ、石油生産者ではない、第三世界の政府」のために連想させることを説明するのではない。「第三世界支持者の観光」を必要とするにあたり、このモロッコの研究者は観光を「新しい宗教」とし、「軽い科学的対象として」考える西欧諸国における観光研究の弱点を一

---

[92] Claude Origet du Cluzeau, ≪ Contribution à la tourismologie ≫, *Revue ESPACES, tourisme et loisirs*, n° 175, Paris, octobre 2000.
[93] Jean-Michel Dewailly, *Tourisme et Géographie, entre pérégrinité et chaos?*, Paris, L'Harmattan, 2006.
[94] Mimoun Hillali, *op.cit.*

表4　1990年以降のグローバル化の影響

項目別＼年別	1983年	1990年	2000年
外国人直接投資世界保有高	100	296	1,154
外国関連産業総売上高	100	207	646
国際観光客到着数	100	142	233
国際観光収入	100	198	411

IDE：外国人直接投資：本店を除く多国籍企業の支店の総売上高

刀両断にする。そして、ミムン・ヒラリは釘を打ち込む。すなわち、われわれは異なる組織のため「食べるための観光研究」をしており、その発展をもたらす社会的、地政学的なあらゆる矛盾と同じようにその職業にする面をなおざりにしている。

　この地政学の著書における観光科学の有用性に言及するに際して、われわれは観光活動が非常に信頼できる手掛かりに値するということを率直に認める。われわれは社会や地方および世界の地政学と同じ程度にあらゆる結果を熟慮することなく、この学問を教え、観光やホテル経営の仕事で学生を養成することはできない。マスツーリズムはその他のなかでの余暇にすぎないと強く主張すれば、南の新興国における社会的、政治的役割を忘れ、発展の長所をそれと対照するこれらの国々にとっての経済的重要性を否定し、最後にそれは富める国々における支配的な中産階級の主要な思想や行動様式の1つとなると理解しようとはしない。観光は資本主義とともに誕生したが、その発展は今後、グローバル化の道をたどる。

　東欧諸国ブロックの効果的な結末と資本主義のただ中での統合に対応する1989−1991年は、同時に経済的グローバル化と国際観光の発展を示している。われわれはそれを図6で見るように、それはそれぞれ100万人以上の到着数（それらのうち半数は5カ国以上に）と100万ドルを超える国際収入を持つ約60の小国に関係する。西欧諸国の大部分は大多数の国際観光客を受け入れているが、だからと言って、とくに熱烈に受け入れているものの、経済的にたいそう依存している熱帯の「黄金の島」である小さな国々とは異なり、観光の天の賜物に依存してはいない。

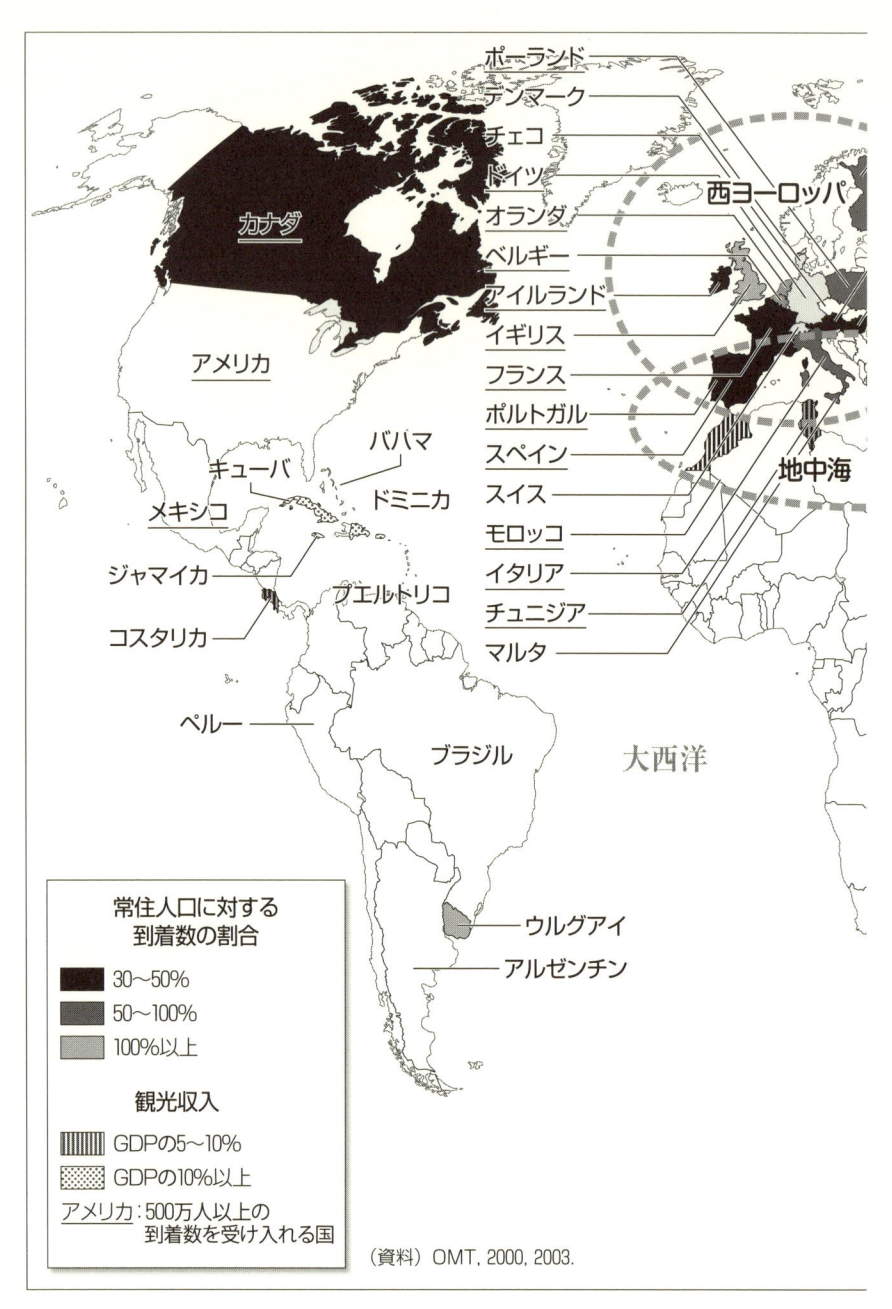

図6 観光のグローバル化：国際観光客到着数（100万人以上）、国際観光収入（10億ドル以上）および主要な観光地域

（資料）OMT, 2000, 2003.

70　第2章　観光客の集団表象

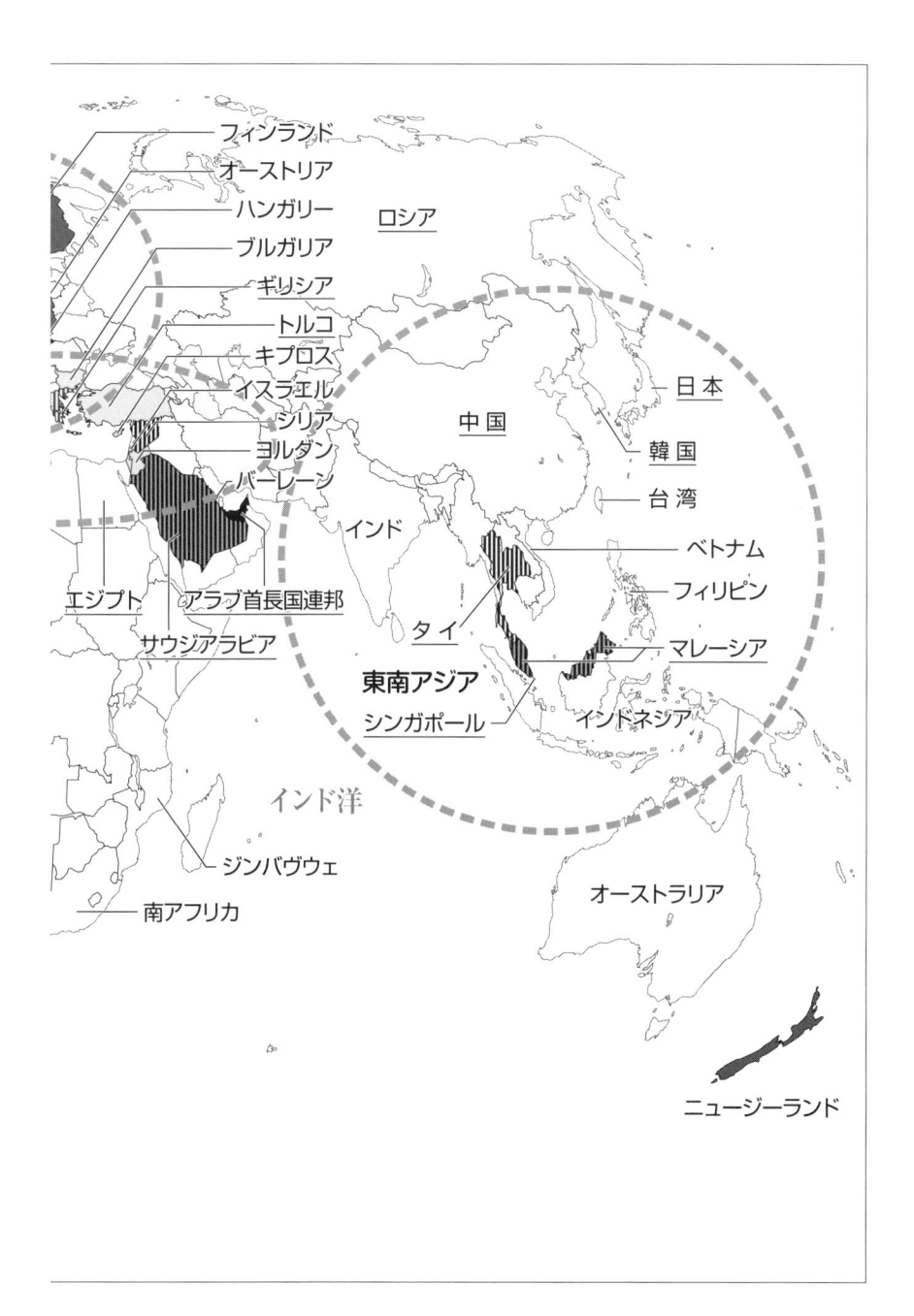

フィンランド
オーストリア
ハンガリー
ブルガリア
ギリシア
トルコ
キプロス
イスラエル
シリア
ヨルダン
バーレーン
エジプト
アラブ首長国連邦
サウジアラビア
ロシア
中国
インド
タイ
東南アジア
シンガポール
日本
韓国
台湾
ベトナム
フィリピン
マレーシア
インドネシア
インド洋
ジンバヴウェ
南アフリカ
オーストラリア
ニュージーランド

第3章

観光産業とグローバル化

　われわれがすでに暗示したように、観光はグローバル化の道をたどる。そのことは多国籍企業が多種多様である産業と並んですでにおのずから進行し、大きな集積を実現するにあたり、金融グローバル化の過程に含まれる。それはわれわれが歴史地理学やもっと経済学的な考察を使ってする「観光産業」の表現を正当化する必要があるだけでなく、しばしばまだあまりはっきりしない活動の根拠を重視するのがふさわしい。本章は観光産業の経済的成果に関わっているとはいえ、地政学的な強い関心からほとんど離れているということはない。たちまち、マスツーリズムの大きさを条件づける現実への最大の重要性を認めなければならない。それは同時に観光産業の重要性とその注目すべき発展を説明する、明らかに顧客の増加である。初めはわずかな規模で、富める国に限られるが、今後はそれが3つの有力な極から膨大な観光移動を編成する。すなわち、最初に、航空輸送、次に旅行産業、最後にホテル業と宿泊収容能力を大幅に超過するシンボルの価値とともにわれわれがそれを一般に結びつける部門全体。

　この活動全体は、それほど発展していない国々における「周遊旅行の侵略」を構成するために理解される。航空運航回数のスピード、平均して10日に3日の空き時間に最良の価格での滞在交渉能力、世界隈なく宿泊の機能的な供給は、何億人もの観光客による地球の絶えず繰り返される侵略を可能ならしめる。ますます高度に複雑化したこのシステムのおかげで、観光客は外国へ投資する、すなわち訪問される住民に対して彼らのきちんとした責任を負わせる旅行者にすぎないが、彼らは住民の日常生活の気がかりの埒外に本当の楽しみのつながりを創出する人間味のある連続体である。これらのものは当てにした利益や、悲しいかな、無礼な態度にもかかわらず、至る所で支障なく発展する産業の顧客の不断の襲撃を受ける。

ドイツにおける2006年サッカーワールドカップの例

　サッカーワールドカップの現象は観光を復興させるか、もしそうだとすれば、地政学を検討して、実際の社会的、経済的インパクトはどのようなものか？　あたかもスポーツが観光を活性化させるかのように、観光活動へのこの出来事を体系的に識別することは難しいように思われる。大きな日刊新聞によれば、「スポーツは観光を活性化させる」とより良く言うに値する。それにもかかわらず、たんなる選手権試合と1カ月以内に64の対戦を提供するワールドカップの間の顕著な差はないのか？　それは観光産業を前提とする何百万人もの観光客（地球上のその他の国々におけるテレビ視聴者や大衆の集結を考慮することなく）を伴った一大行事の重要性であろう。同じように、ツール・ド・フランス、オリンピック競技、グランド・スラムのテニス・トーナメントは、あらゆる差異を考慮して、かつての古代都市のスポーツ試合を思い出させる観光を復興させるであろう。われわれはもしサッカーが北と同じように南を含むとすれば、それは2008年に中国でとにかく1896年以降3度目で、南の国家において組織されるオリンピック競技と同様には行かないであろう。

　ハイレベルで、世界で評判のスポーツショーは、近くばかりではない非常に多数の観光客を引きつける。ドイツでは、すべての大陸の多数の観客がその受入能力をかなり増大させている。1,500万人の観光客がワールドカップ期間中にベルリンにやって来て、ドイツにおける新規の観光客の3/4（推定によると2006年に3％増）は、サッカーのために来た。ギリシアではオリンピックの年の2004年における観光客到着数の4％の低下は、工事現場の遅延によって説明されるが、2005年にはわれわれは2003年と比べて12％の上昇を確認している。ところで、何百万人ものサポーターはホテルに宿泊し、レストランで食事し、観光の性質に由来する生産物を絶えず購入する。スタジアムで購入する切符、テレビの中継放送権は、何億ユーロにもなる。

　われわれがいつもなかなか範囲を定めることができない観光は、いずれにせよ何百万人もの観光客の何百万人もの訪問される人々との出会いを可能ならしめ、心ならずも世界のいくつもの考え方に直面する社会現象である。われわれ

が関心を持つケースにおいては、そのことはいくつもの次元になる。すなわち、審判をするショーにおいて敵対しあうスポーツチーム、地元住民に加えてその他の観光客と交際する観光客、スポーツを介して競うすべての国のサポーター。したがって、観光客は「いつも罰せられない平和の本物の罪人」[95]であるのか？　いずれにせよ、それは観光のショーやその産業を激化させるのと同様に、より良い悲劇の浄化を可能ならしめている。中国をも含めて世界中でほめちぎられているフランスのチームの象徴的なキャプテンであるジネダン・ジダン[96]は、すべての国境を消す空想上の旅行者の強い考えを表してはいないか？　われわれは古代の皇帝やローマ法王のためにローマを訪問し、マラケシュで偉大な哲学者アベロエスの足跡、そしてメキシコでスペインの征服者のそれを再び見出すことができ、次にベルサイユでルイ14世の生活を想像するためにフランスへ行くが、同じようにわれわれは英雄ジダンの運命を最後まで支持するか、晒し台にかけるかして生きようとする。確かに、われわれがたぶん忘れてしまうスポーツの英雄が問題なのではなく、彼の神話はユリシーズのようなもっと非現実的な大旅行者の存在を思い出させる。暗に、われわれは一種の観光の理想を抱く古代の価値概念に戻る（コラム参照）。

古代ギリシアのアゴーン（懸賞競技会）のスポーツまたは遺物

今日よりもはるかに限定された方法で、古代ギリシアは同じようにスポーツの参加が旅行を正当化するもののように見ている。有頂天になることなく精神を興奮させ、アイデンティティを比較するこのタイプの静かな競争は、古代都市におけるアゴーンの名前を持っている。それは試合、競争、スポーツ競技および平和愛好の競争心を組み合わせている。世界のサッカーのヒーローは、彼らが真の貴族階級になるためギリシア語の語源による「より良いもの」であるアリストス（aristos）と同一視しないのか？　スポーツとしての観光は、英雄的な場面を賛美し、それゆえに多分、ペーター・スローターダイク[97]は運動競技を

---

95) Philippe Muray, *op.cit.*
96) ジネダン・ジダンは、出身国のアルジェリアで国家元首のように受け入れられなかったのか？
97) Alain Finkielkraut et Peter Sloterdijk, *op.cit.*

> 戦争、そしてスポーツマンを戦士と識別する。スポーツの大々的な興行は、われわれが「観光の文化」と呼ぶものに関与している。

　たとえば、競技場に関わり、15億ユーロに達するスポーツに関わる投資に加えて、それはドイツにおけるワールドカップに関係があるデリカショップのルノートゥルは、20％の割引きをする結果として500万ユーロの売上高になり、一方マリティム・ホテルチェーン（44施設のうち外国に8施設、2005年の売上高3億3,750万ユーロ）の支配人ジェール・プロシャスカは、サッカーワールドカップはグループに1,000万ユーロから1,200万ユーロの売上高の追加が生まれ、客室平均価格が78.35ユーロから81ユーロになったと見積もっている[98]。実際、このタイプのスポーツ行事もまた勝利国および／または主催国のGDPに実際の効果がある[99]。1986年には、アルゼンチンの勝利は3ポイント国民経済を活性化させた。一方、主催国で勝利国のメキシコは、とりわけワールドカップのまずい運営のために約8ポイントを失った。1994年には、アメリカに対してかろうじて1点だけしか勝っていない勝者であるブラジルにはさらに4ポイントである。2006年には、論説員はドイツにとっては0.3ポイント以下に対して、勝利国であるイタリアのGDPは約1ポイントの上昇を予想している。そのことは200万人の追加の観光客と6億ユーロと見積もられる直接費用は、消費の回復（小売業における20億ユーロの増）にもかかわらず、国民経済への精神的インパクトに直面してあまり重要ではないであろう。われわれはここで現状を主要な観光的要素にするスポーツ観光の道義にかなった重要性を再び見出す。このことは、1927年にトマス・クックの旅行代理店によって組織された最初のチャーター便がニューヨークでの世界ボクシング選手権に参加したイギリスですでに提供されている限りにおいて新しいものではない。

---

98) *Les Échos*, 11 juillet 2006.
99) Dominique Thiébaut, ≪Mieux vaut gagner à l'extérieur (un Mondial)≫, *Challenges*, juillet 2006.

なぜ観光は産業なのか？

　とりわけ観光を指し示すための用語である「産業」を否認するある地理学者の批判的まなざしの下では、あらゆる定義は重要性をもっている。それは意味の問題であるのではなく、科学的な本質の概念的なジレンマが問題である。経済3部門を取り上げるコーリン・クラークの定義に着想を得て、工業的な「第2次」をサービスの「第3次」に対立させて、ジャン＝ミシェル・ドゥエリーは、同様に「いかなる場合でも、観光はフランス語では産業として考察されることは知られていない」[100] ことを想起させる。フランス語に結びついたニュアンスは曖昧であるとはいえ、彼は経済学者自身によって認められている古い定義を拒否している。それによると、産業は「当初はすべての経済活動を示す用語」[101]（19世紀）である。われわれは歴史的な次元に立ち戻るが、たちまち、とりわけフランスのその他の地理学者は「産業」という言葉が「あたかも産業が商業やサービスがもっていない気高さをもっているかのように、われわれはホテル業や観光産業において見る成り行きを受け始める」[102] ということを主張するのをためらわない。さらに、それはたぶんイギリス人が *tourist industry*〔観光産業〕のために *tourist trade*〔観光取引〕という用語を放棄するとすれば、なんら偶然ではない。

　ホテル経営者は同様に彼らが主要な経営者連盟であるホテル業職業組合（UMIH）、さらに全国ホテル業連盟（FNIH、たとえばモロッコでの現行の名称）が後を継いでいるものにかかわるときに「ホテル業」について語り、一方、世界観光機関は「観光産業」または「旅行業」に言及している。確かに、クラークの分類は国際的なものであるが、本来の科学や概念によると、われわれは選ばれた用語を用いることができなければならない。実を言えば、われわれが

---

100) Jean-Michel Dewailly et Éric Flament, *Géographie du tourisme et des loisirs*, Paris, SEDES, 1993.
101) Pierre Bezbakh et Sophie Gherardi, *Dictionnaire de l'économie*, Paris, Larousse/Le Monde, 2000.
102) Roger Brunet, Robert Ferras et Hervé Théry, *Les Mots de la géographie. Dictionnaire critique*, Reclus/La Documentation Française, 1992.

先に強調したように、観光およびとりわけホテル業は「産業」という用語が用いられるためには十分に古く、崇高な活動である。「何かあることをするうまさ」または「われわれが生きるために行う技術、職業」と理解する「発明、手腕」そして一般的な仕方では、「われわれが富の生産に貢献するあらゆる活動と理解するもとでの名称」と定義しているリトレの辞書を想起すると十分である。しかしながら、この証明はより経済学的なアプローチがなければ不十分であろう。ジャン・ガドレー[103]によれば、「工業化に近い組織上の変化の局面」が存在する。それは同時に資本主義的活動やたとえば多くの重工業に近い労働である限りにおいて、観光の事例であろう。そのうえ、そこでの企業の集中は興行活動の大部分と同じように十分感じ取られる（コラム参照）。

資本主義的産業と労働

　われわれはクルーズの大型客船、航空機またはテーマパーク（ディズニー・リゾート・パリは1992年に約250億ドルを必要としなかったか？）または1990年にディズニーランドの滞在を売ることを望むすべての旅行代理店に支払わなければならない76,000ユーロの保証金の費用のような何らかの証拠について長々と述べることはしない。ホテル経営者の例からの証明は、はるかにもっと明白である。われわれはフランスでは2万ユーロから10万ユーロ以上にまで変化するホテルの費用を決定するから、客室の費用は100室の施設では200万ユーロから1,000万ユーロまでのほとんど取るに足りない額に達することを知っている。土地に関するものの性質によると、われわれが1泊の価格である800ユーロまたは1,000ユーロを掛けるとき、われわれはこうして客室当たりの投資の考えを持つ。少なくとも10年の減価償却を見積もって、われわれは使用される資本の重要性を判断する。

　ところで、専門家は常にフランスでは観光部門に雇用を創出するためには約15万ユーロを投資しなければならないと一致して言う。つまり、これは自動車産業の2倍以上、建築業の6倍以上である。そこから、計算は簡単である。1,500万ユーロの費用がかかる、つまりたとえば150室の「4つ星」のすばらしいホテルを参考にする。理論上は、100人の永続的な雇用、つまり見積もりによると、50人の永続的な雇用、50人の季節労働者の雇用

---

103) Jean Gadrey, *L'Économie des services*, Paris, Reperes/La Decouverte, 1992.

の創出と100人以上の臨時雇用の創出を可能ならしめる[104]。結局、給与生活者の全体は200人以上になる。ある人々は時々客室ごとの給与生活者を計算しなければならないと主張している。

　計算可能なこのアプローチは、一般に観光産業のように、ホテル産業は多くの資本と非常に多数の給与生活者を必要とすることを示している。最後に、投資に関して、人々は麻薬の密売から生まれた汚れた貨幣（世界では毎年9,000億ドル）の利用にはだまされない。確かに、それはあまり監視されていない国では姿を見せるが、観光部門の大きな減価償却はそのようなマネーロンダリングを可能ならしめる。他方、しばしばほとんど資格のない、十分な給料が支払われていない多くの労働の必要性は、回転率の存在を説明している。

航空部門の主要な役割

　われわれはそこで再び観光活動の限界に直面する。もし旅行業者またはツアーオペレーターが旅行代理店と同様、異論の余地なく、観光産業に属するとすれば、多くの人々はそこに運輸全体を含むものと強調すると考える。実際、全部が観光の性質があるのではない。もちろん渡航（フェリー）またはクルーズの海上輸送がとりわけ観光の顧客に向けられるように思われるとすれば、われわれは航空輸送の90％に対して、鉄道と道路輸送の50％を立て直すと推計する。確かに、遠隔のマスツーリズムの発展を理由として、航空は全く観光産業の一部をなしている。いやそれ以上に、「観光情報科学」[105]における配置や整理技術のおかげで、それらが始めた予約センターは基本的な役割を演じている。

　航空部門はいくつものパラメーターの圧力の下で絶えず発展している。まず第1に、ジェット機（最初のビジネス便が1952年に実現したジェット機）と航空機の収容能力の増加（ボーイング747は1969年にデビューした）のおかげで、

---

[104] 1人の常勤職員が2人の季節労働者と5人の臨時職員に対応する限りにおいて、25人の常勤職員＝50人の季節労働者または125人の臨時労働者であることから、われわれは50人の常勤職員に相当する可能性があると推論することができる。
[105] 観光産業と結びついた情報科学。

航空券の価格は下がり、輸送量は増大した。この現象は高速道路とTGVの配置と比較することができる。しかし、しばしば予見できない結果である本当の航空革命がアメリカでの航空市場の規制緩和とともに1978年に始まり、ヨーロッパでは数年後に後を追っている（ヌーヴェル・フロンティエールの活動を止めた）。理論上は、オープンスカイと航空会社の独占を宣言した結果は、1945年の国際航空運送協会（IATA）の最初の協定を終わらせた。

　最も完璧な資本主義は、しばしば市場の自由化を要求することにある。この際もしこの規制緩和がエネルギー部門におけるそれ（たとえば、エンロングループのスキャンダルと破産）と同じ効果がなかったとすれば、それは独占体の偽装や輸送量の集中を維持して、時々劇的な航空会社の再編成をもたらす。確かに、ハブ（「中心」、反対にスポークまたは周辺の空港）と呼ばれる中心的な空港の場所は、リーダーの大会社によってコントロールされている。そのことは競争を制限するが、これらの会社に赤字路線を維持することを余儀なくさせている。それはとくにアメリカの会社にとっては、数十億ドルの高さの借金を増大させている。アメリカでは、1980年代末になお存在したのは25社のうち8社の航空会社にすぎない。パスカル・ペリによると、「アメリカン・エアラインズ、アメリカン航空およびデルタ航空は、輸送量の47％、収入の52％そして利益の73％を集中している。28のハブは、輸送量の70％を吸収している。また、1993年末に、1,000機の航空機が時には新たにアリゾナの砂漠に眠っている」[106]。

　この文脈において、われわれは民営化するか、国営会社（スイス航空、サベナ〔・ベルギー航空〕）の消失を受け入れる。競争は情け容赦なく、エールフランスによるUTA〔1990年〕とエール・アンテール〔1997年〕のような吸収は頻繁に行われる（コラム参照）。

　最もしばしばチャーター航空機[107]で見られるチャーターの発展、サー・フレディ・レイカーの「空の列車」の失敗した試みそしてヌーヴェル・フロンティエールの古いパトロンであるジャック・マイヨーの辛辣な言葉の後、100社の格安航空会社は今後2006年に市場の15％以上に達し、2010年には十分25％を

---

106) Pascal Perri, *Du monopole pur et dur aux compagnie low cost*（ペルピニャン大学で公開審査を受けた未刊の学位論文）。
107) スタッフを伴って、決められた時間と往復のための航空機の契約上の準備完了。

受け入れることができるであろう（コラム参照）。最初に誕生したアメリカのサウスウエスト航空は、1972年に遡る。30年以上絶え間ない利益（2003年には2億4,000万ユーロ）を上げており、昔からあるアメリカの会社とは反対に、それは絶えず必要とされ、なお2005年には29機を買ったばかりである。

アライアンス（航空連合）

航空会社のいくつものアライアンスが同じように生まれている（図7）。すなわち、ハブ、コードシェアリングまたは相互乗り入れ、ブランド・ロイヤリティ、共同運賃決定の結合など。これらの変化によって課されたマーケティングは、非常に高くつくが、それらの多様性にもかかわらずしばしば高い運賃を維持している（同一路線で同一クラスでの価格の激しい変化）。会社は規制緩和以前の時期に消え失せたものの、その能力を結合することで勢いを取り戻している。1997年と2000年の間に世界の輸送量の60％になる3つのアライアンスが生まれている。すなわち、〔1〕ルフトハンザとユナイテッド航空を中心とするスターアライアンス（3億6,000万人の乗客／年、132カ国に755の目的地、毎日14,000便、2,500機、世界の輸送量の23％）。〔2〕アメリカン航空と英国航空を中心とするワンワールド（2億2,300万人／年、134カ国に576の目的地、毎日7,300便、1,900機、世界の輸送量の17％）。そして、〔3〕エールフランス－KLMとデルタ航空を中心とするスカイチーム（2億1,200万人の乗客／年、110カ国に500カ所の目的地、毎日7,900便、約1,200機、世界の輸送量の13％）。2004年に6,500万人の乗客を輸送したエールフランス－KLMは、今日ヨーロッパではルフトハンザ（181億ユーロの総売上高）や英国航空（125億ユーロ＋30％の総売上高）の先頭に立つ世界第1位の会社（214億ユーロの総売上高、2003年から2004年に47％増）である。いずれにせよ、これらの会社の垂直的広がりは今日ではもっと水平的な拡大のために放棄されており、それはさらに一般に観光産業の主要な特徴の1つである。エールフランスは、ツアーオペレーターのジェット・ツアーズ（旧ソテール）とホテルチェーンのメリディアンを売却した。一方、アメリカでは大航空会社はGDS予約の中心的な巨大なものを切り離している。

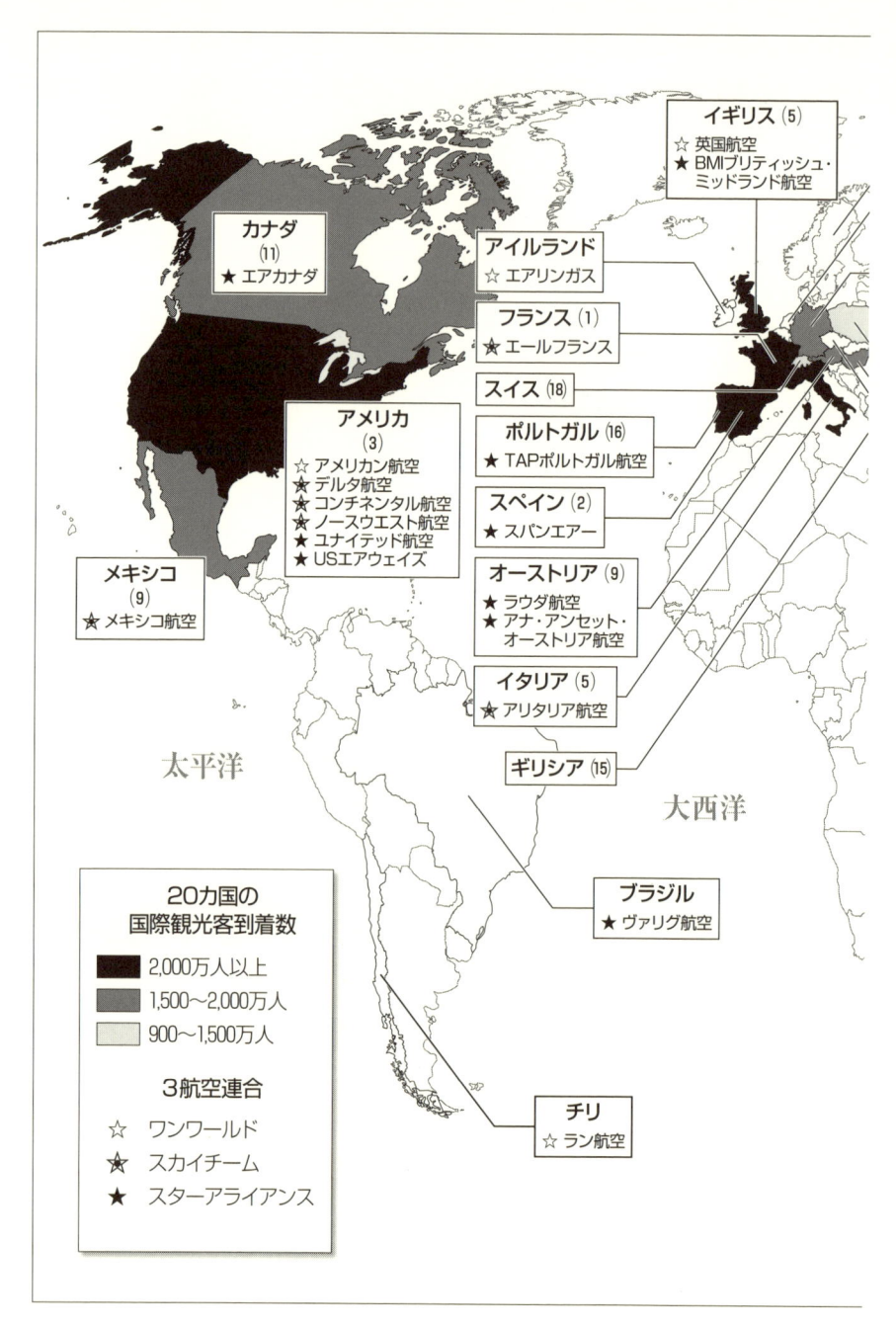

図7　アライアンス（航空連合）加盟航空会社と国際観光

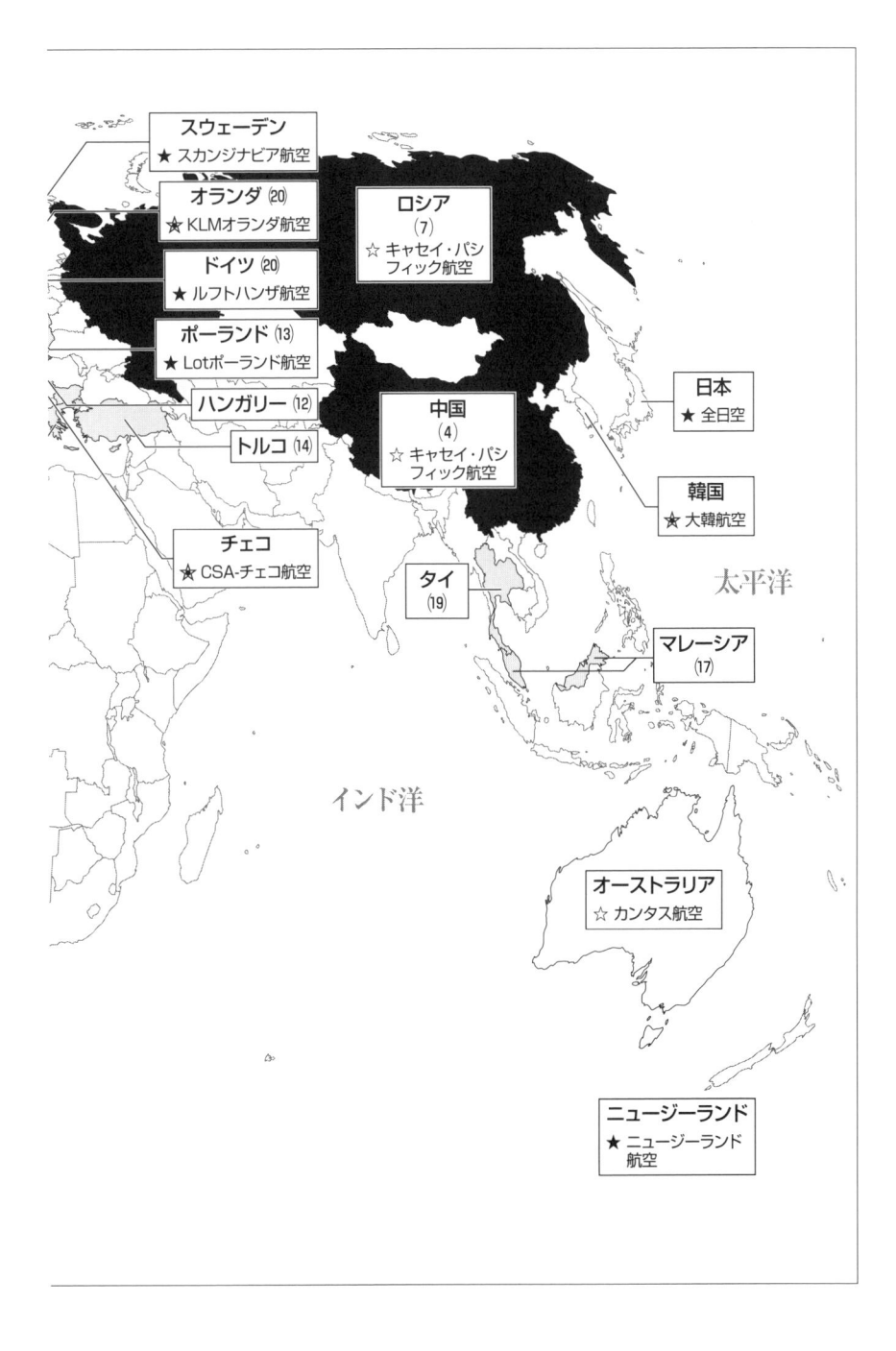

スウェーデン	★ スカンジナビア航空
オランダ (20)	★ KLMオランダ航空
ロシア (7)	☆ キャセイ・パシフィック航空
ドイツ (20)	★ ルフトハンザ航空
ポーランド (13)	★ Lotポーランド航空
ハンガリー (12)	
トルコ (14)	
中国 (4)	☆ キャセイ・パシフィック航空
日本	★ 全日空
韓国	★ 大韓航空
チェコ	★ CSA-チェコ航空
タイ (19)	
マレーシア (17)	
オーストラリア	☆ カンタス航空
ニュージーランド	★ ニュージーランド航空

太平洋

インド洋

83

格安航空会社

　2/3以上の格安航空会社は、とりわけヨーロッパと北米では関係がある。それらは主要な空港を利用するか、しないか、フルサービス航空会社と関係があるか、それらはかなり単純な方法を使用しているかにしたがって、3つのカテゴリーに分けられる。すなわち、中距離で1日当たり8回まで、飛行機のサービスが全くないか、ほとんどなく、いずれにせよ有料であり、労働の多面性と高くない給料（パイロットの年間飛行時間は通常650時間に対し900時間であるが、ストック・オプションの実施）、インターネット予約、仲介なしの販売、85%の座席利用率、第2次空港を使用する唯一のタイプの飛行機。最低運賃はしばしば超特価であるにすぎず、これらの会社は財政上の負債はもっていない。格安航空会社の発展と重要性を示すため、フランスの主要な空港におけるそれらの輸送量の割合を見ることで十分である（図8）。もしそれが古くからあり（パリ）、フルサービスの航空会社に運命づけられている空港の大部分においてわずかであるとすれば、それはその他において支配的なものとなる。最後に、地中海諸国行きの格安航空会社トランサヴィアを設立したばかりであるエールフランス−KLMのイニシアティブを思い出さなければならない。

　通常のフライトのための費用の性質を思い出すにあたり、われわれは減価償却とメンテナンスと同じように間接的費用（着陸とマーケティング）、スタッフに関して格安航空会社が大きな節約をしていることを知っている。しかしながら、安全性をあまり大切に考えていないヨーロッパの企業の「ブラックリスト」に掲載されているチャーター会社とは反対に、格安航空会社にはほとんど見られない。最も重要な2社は、ライアンエア（17億ユーロの総売上高、ヨーロッパ第3位の乗客数）とイージージェット（19億ユーロの総売上高）である。それらはこうして誘発された新しい方法（不動産購入、観光支出）と常に新路線を開設したいという関心を持つ中距離便を特別扱いする地域によって与えられる補助金を時折受け取る。これに関して、格安航空会社は遠距離観光にはほとんど乗り出さないが、われわれはアメリカのマックスジェットとニューヨーク−ロンドン間の航路をそっくり模倣してパリ−ニューヨーク間に路線を

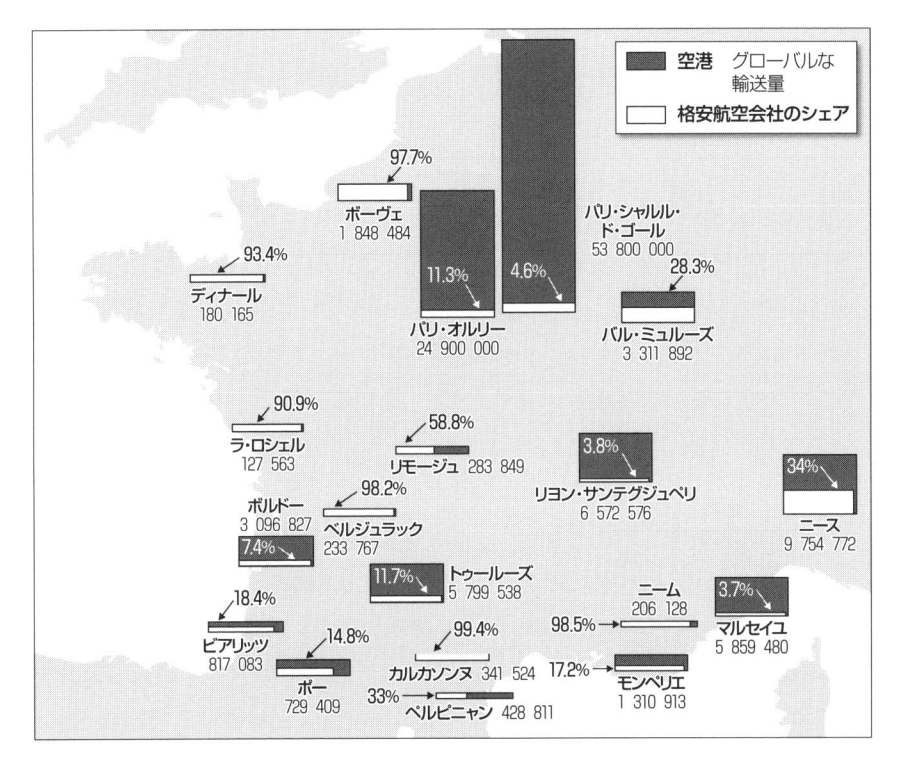

図8 フランスの主要空港と輸送量に占める格安航空会社のシェア (2005年)
（資料）*DGAC/DRE/Aéroports Français/Le Figaro.*

設けているビジネスクラスの格安航空会社であるラビオンのイニシアティブを指摘することができる。低運賃の会社は、航空燃料価格が持続的に高騰してもなお競争に耐えられるであろうか？「アライアンス」はこの展開を助長する、すなわち権謀術数を弄するということを考えることなく、われわれは全面戦争そしてたぶん株式市場の賭けによって優遇された協定を想像することができる。

当初は予約の主要なもののすべてを支配下に治めるアメリカとヨーロッパの航空会社によって創出されたグローバル流通システム（GDS）（コラム参照）は、今後は公開して効果を生むネットワークにおける営業上の手段である。

グローバル流通システム（GDS）

　もしGDSが常に航空会社の側の（収入の70％から80％の）予約料金を徴収するとすれば、それらは独占の疑いを理由として分離され、1990年代に再構築することを余儀なくされた。それゆえに、パッケージツアーと同じような切符販売システムを売るためには、それらは現在ではセーバー、オービッツ用のトラヴェロシティーそしてセンダント－ガリレオ用のチープ・チケットというアメリカのサイト、アマデウス用のオポドというフランスのサイトのような適切なインターネットサイトを使用している。そのうえ、それらはエンジニアリング（とりわけホテル経営との結合、ソフトウェアの販売）、リース会社（ガリレオ向けのアヴィス）などのおかげで収入を多様化している。今日、実際には次の4つのGDSがあるにすぎない。かつて英国航空とユナイテッド航空と結びついていたガリレオ（1959年）は、部分的にセンダント・コーポレーションによって再び勢いを取り戻した（第4章参照）。セーバー・ホールディングス（1960年）は、20億ドル以上の総売上高を実現し、アメリカン航空と結びついているのが見出される。多くの新しい投資家、すなわち銀行が見られる。その代理店であるオンライン・トラヴェロシティーは、それでもセーバーの価値の40％になるイギリスのラストミニュットを吸収合併した。アマデウス（1987年）は、約20億ドルの総売上高であり、BCパートナーズ、シンヴェンおよびヴァム＝ヴォルフガンク・アマデウス・モーツァルトのようないくつかの投資ファンドによって部分的に買い戻された。しかし、その資本の47％はなお航空会社によって、23％はエールフランスによって保有されている。最後に、ワールドスパン（1990年）は、約9億ドルの総売上高で、かつてはデルタ航空とトランス・ワールド航空（TWA）と結びついていた。

　コンピューター技術のおかげで、大きな進歩がサービス生産性計画のうえで実現した。実際、ホテル経営にも適用されているイールド・マネジメントの技術は、アメリカで1978年の航空規制緩和とハブとスポークを結合する航空便の新しい構成から誕生した。したがって、「観光情報システム」は共謀の新語ではない。ある人たちが現代の戦争は著しく飛行機を前に出していると主張しているのと同様に、現代観光とコンピューターの発展は共存する。シルヴァン・ドーデルとジョルジュ・ヴィアル[108]によると、イールド・マネジメントは「サ

ービス利用の1つまたは複数の地点のグローバルな収入を最大化する唯一の目的のために持つ能力の経営システム」であり、エステル・フラとアラン・ドゥローネ[109]によると、「異なる価格決定と収益の各等級において売りに出す生産量の組織的コントロールのおかげで、供給と需要の比較の問題を最適な方法で解くことを可能にする価格計算の科学的方法」である。

旅行産業の複雑性

　それこそ同じように、人びとはこの部門が観光に属するということを疑わないとはいえ、用いられた用語はそれらの重要性をもっている。オンライン販売（インターネットによるオンライン）の出現に加えて、すでに旅行業者またはツアーオペレーター（ツアーオペレーティング）と旅行代理店の間に存在する曖昧さは、実際には起こらなかった。なるほど、われわれは一般に最初のものが卸売商で、次のものが小売商であると主張するが、われわれはスーパーマーケットと食料品店の間で同じ混乱をしている。相違は実際、とりわけシステムにあり、われわれは企業が持株会社に近づくアメリカのそれ、北方のヨーロッパ（ドイツとイギリス）のそれ、そして最後にフランスを非常に細分したそれに反対するであろう。しかしながら、システムに続いて、国によって非常に異なる市場がある。

　まずアメリカのシステムがある。それはアメリカン・エキスプレス（コラム参照）やカールソン・トラベルといった旅行代理店によって組織されており、なかなか輸出することができない。その証拠に、フランスにおけるアヴァスとアコー（2006年まで）にそれぞれ結びつけられているこれらの2企業は、それらの元の組織を持ち続けてはいない。まず第1に、アメリカの市場は特殊であり、観光活動とホテル活動の仕切りによって示されていることを認めなければならない。アメリカ人の5％だけが外国へ出かけ（2002年では2％）、5人の

---

108) Sylvain Daudel et Georges Vialle, *Le Yield Management*, Paris, Inter-Éditions, 1989.
109) Estelle Fourat et Alain Delaunay, ≪L'exploitation hôtelière, une activité cyclique≫, *Les Cahiers Espaces*, n° 75 (*Hôtellerie, de nouveaux défis*), Paris, 2002.

うち1人はビジネス旅行で、約50万人が毎年フランスへ行き、平均滞在支出は約1,500ユーロで、バカンスの滞在より1.5倍高い支出である。そのうえ、パッケージツアーはたぶんアメリカの非常に強力な個人主義を理由として、ヨーロッパほどは発展していない。再びグローバル流通システムの絶大な権力を思い起こした後、われわれはアメリカの会社が持株会社を組織する傾向を強調しなければならない。それらは頻繁に間接的な方法で、金銭的に多数の観光企業（カールソンにとってはホテル業）に参入している。それらは競争相手（カールソン・トラベルによるプロトラベルとマリッツ、アメリカン・エキスプレスによるローゼンブルート、同様にTUIによって関心が持たれている）、そしてもちろんオンライン代理店の発展（アメリカン・エキスプレスの期限までの予約の25％）を吸収する。

アメリカン・エキスプレス

　アメリカン・エキスプレスとカールソンそしてアメリカのGDSの間には大きな対照がある。すべてのことは、ある金融グローバル化から起こる。われわれはアメリカン・エキスプレスの事例にこだわることができ、それは19世紀末に運輸企業（有名なウェルズ＆ファーゴ）から保険会社、銀行を設立している。そのことは、とりわけ7,400万枚の国際的カード、つまり総売上高の80％を説明している。それはいくつかの運輸企業（とくに鉄道）、ホテルチェーン、旅行業者の株主であり、銀行カードを保証し、保険を勧めるのと全く同様に適切なホテル生産物（世界の主導的ホテルは、300施設を集めている）を販売することができる。アメリカン・エキスプレスは約10万人の従業員を数え、その純利益は毎年10億ドルと20億ドルの間で揺れ動いている。

　ヨーロッパのシステムはもっと古典的であり、トマス・クックによって始められた伝統の上に据えられている。フランスのようないくつかの例外を除いて、それは旅行代理店から拡張してツアーオペレーターの活動に延長している（最初のものは、TUI〔Touristik Union Internationalの略〕）。ヨーロッパの市場は発地国の重要性、パッケージツアーの強い需要、観光活動やとりわけアメリ

カの同族から金融面で自立していない企業のそれほど大きくないセグメンテーション〔細分化〕によって特徴づけられる。日本や北欧におけるように、イギリスととりわけドイツ（観光のより多くの出発費用）は、外国旅行をする人々の意思から彼らのシステムを構築している。

　より良い例は、最初の世界的なツアーオペレーター[110]であるドイツのTUIのそれである。昔のプロイサクであるハノーヴァーの重工業の、この古いコングロマリット〔複合企業体〕は、3,600の旅行代理店、285のホテルと104の航空機（格安航空会社）を保有している。それは2003年に190億ユーロの総売上高、そのうち観光が2/3で、3億1,500万ユーロの利益を実現した。この明白な、良好な状態（総売上高は2001年から2003年に14％の低下）は、いくつかの大きな吸収（ヌーヴェル・フロンティエール）にもかかわらず、企業の金融面の脆弱性を隠している。トマス・クックという神話上の名前を回復した世界第2の会社は、調子が良い。2006年12月以降、完全に19,000人の流通グループであるカールシュタットクヴェレ（アーカンドル〔2007年7月に社名変更〕）に属しており、2004年の破産の脅威の後、ずっと再編成の状態にある。それは航空会社コンドルだけを持ち続けているルフトハンザとともに創設されたコンドル＆ネッカーマンの壊滅に続いている。2007年2月には、イギリスの第2のツアーオペレーターであるファースト・チョイスを吸収するというよりはむしろ、カールシュタットクヴェレがイギリス首位のツアーオペレーターであるマイトラベルを合併している。後者は新会社トマス・クック・グループPlc[(11)]の52％を保有し、そのうち48％はマイトラベルに由来している。「この結合は、2001年9月11日のテロの結果として生じた危機によって真正面から打撃を加えられた2つの旅行業者にとって、トンネルの出口を立証している」[111]。トマス・クックはすでに良い結果を出しており、マイトラベルは2006年秋には赤字から脱け出している。前者は120億ユーロの総売上高があり、今後TUI（141億ユーロの総売上高）の観光部門を悩ませることになる。

110）ヨーロッパ最初の旅行代理店は、同様に世界最初の地位にはないと考えるのは普通であるが、正確ではない。
111）Ingrid François, *Les Échos*, 13 février 2007.
(11) public limited companyの略。公開有限（責任）会社。

フランスの旅行代理店

　最後に、いくらかのツアーオペレーターに加えて、フランスのシステムはとりわけ全国旅行代理店協会（SNAV）によってうまく守られている約5,000の旅行代理店の存在によって特徴づけられている。アファ・ヴヮイヤージュ、トゥールコムまたはセレクトゥール・ヴヮイヤージュ（アリアンス・グループ）のようなボランタリー・チェーン[112]に加えて、部門の2つの巨人は、アメリカのカールソン・ワゴンリ・トラベルとアヴァス・ヴヮイヤージュ・アメリカン・エキスプレスの支配下にある。いくつかのスーパーマーケット（ルクレール、カルフール---）は、そのうえ巧みに窮地を脱している。一時的なある補償を組み合わせているとはいえ、2005年4月に旅行代理店によって販売された各切符にエールフランスによって支払われた手数料（7％）の目的は、新しい条件を創出した。実際は、彼らの総売上高の約3/4が切符販売システム（パッケージツアー向けには20％以下にすぎない）に由来するときに、旅行代理店の半数はエールフランスに支払った2億5,000万ユーロの損失によって影響を受けた。いずれ代理店は切符の価格の上に彼らのマージンの損失を上乗せすることになり、生き残るための解決はそれほど多くはない。つまり、パッケージツアーの販売と「受容力のある」[113]地方のサービスの販売（魅力的な地域に位置づけられるという条件付きで）は、それでもやはり10～15％の次の閉鎖となり、5年前の1/3になる。

　クラブ・メッドを除いて、FRAM（2005年における100の販売拠点とフラミッシマの25のホテル）といくつかのその他のフランスの旅行業者は、どちらかといえばマルマラ・エタプ・ヌーヴェル、トマス・クック、ヌーヴェル・フロンティエール、ルック・ヴヮイヤージュのような外国の子会社である。それはフランスのシステムにおいて非常に自立的であったとはいえ、ジャック・マイヨーは特別な言及に値する。「旅行への権利のため」（ヌーヴェル・フロンティ

---

112) ボランタリー・チェーンは、独立事業者のメンバーと理解されるにすぎない。
113) 「受容力のある観光」というこの縮約は、所与の国または地域における見物、地方のハイキングおよび観光客の受け入れに関わる。

エールのスローガン、その古い会社）根気よく戦いながら、彼はヒューマニズムの観光の断固たる信奉者である。すなわち、「この21世紀には、旅行は聴取、出会い、対話そしてとりわけ敬意の態度がなければならない。男女が世界に出かける私のメッセージは、理解され、尊敬され、場合によっては現在を気に入ることができる」。

　オンライン代理店は、至る所で必要になる。それはグローバル流通システム、運輸会社（アメリカの巨人エクスペディアと結びついたヴワィヤージュ・Sncf[12]・コム、そこから公共サービスと資本主義的実施の間の接合を動機とするラスト・ミニュット・コムのフランス子会社の嘆き）そしてインターネット上の低価格で、目的地を奨励するために最良のものを組織するツアーオペレーターである。主要な航空会社はもはや電子切符しか交付しない一方、オンライン革命はシステム全体に関わりがあり、最も弱いもの、すなわちフランスの代理店を弱体化する。エクスペディアとともに、GDSのセーバーとセンダントはアメリカ市場の80％を独り占めしている。140億ユーロのヨーロッパ市場は、ドイツ、フランスそしてイギリスによって2/3を保持している。この変化は観光情報システムが演じる相当な役割と比較対照される。一般に生産物の販売は、遠慮がちにインターネット上で進行するとき、観光生産物の商品化はそこで絶えず発展する。

観光産業の先兵であるホテル業

　先験的に、それは有償の宿泊の15％の部分にしかならないので、あまり明らかではない。いずれにせよ、人々が宿屋の主人の仕事は奥深い変化をも経験すると思い描くのに50年かかっている。確かに、絶えずより良い組織と最も手の込んだ戦略を求めて生まれたのは、本物の多国籍企業である。田舎のオーベルジュとリゾートを思い出させる非常に大きなホテル複合体の間の共通点は何だろうか？　また、しばしば、何千もの客室を数えるハワイのハイアット・リージェンシー・ワイコロアやラスベガスのMGMグランドのような「ホテル・シ

---

(12) Société nationale des chemins de fer françaisの略。フランス国有鉄道。

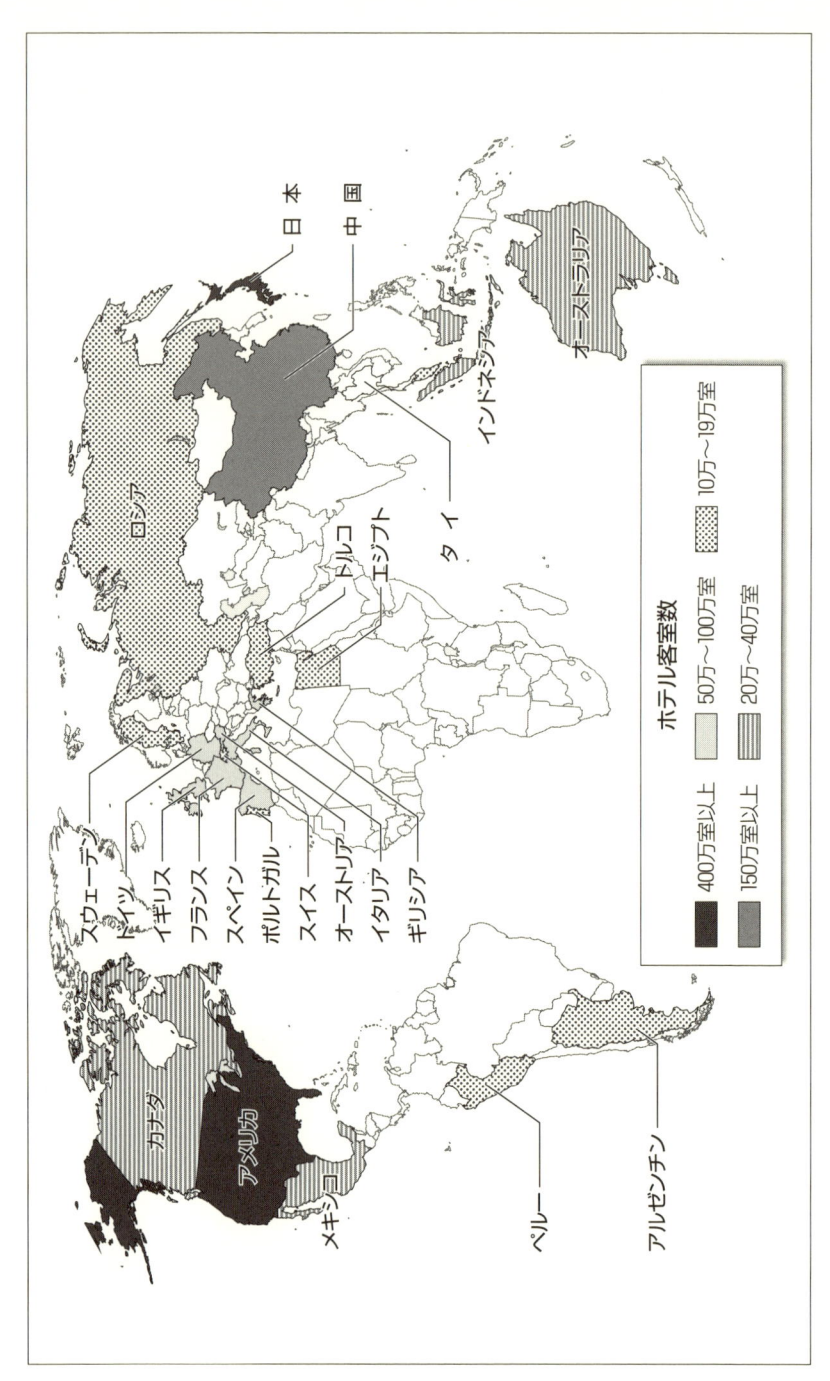

図9 10万室以上のホテルを備えている国（2001年）

92　第3章　観光産業とグローバル化

ティ」をどのように考えるのか？

　実際は、企業構造においてよりも建築上の着想におけるもっと並外れた節度のなさは決定的な影響力を持つ多様性である。さらに、一種の「セルフサービス」に基づいてあらゆる競争に疑い深い価格を提供している「星なし」の経済的な看板の増加は、たぶん過度の豪華ホテルよりももっと人目をひいている。なおまた、ペンションの増加すなわちホテルサービスと別荘の魅力の間の中間に位置する観光用マンションまたはマンション形式のホテルを指摘しなければならない。それはたぶん新しいコンセプトをもたらしている。このようにフリーのホテル業はだんだん重要ではなくなってきており（ヨーロッパでは北米よりも発展しているとはいえ）、それはしばしばマーケティングの革新を演じ、適切な信用や統合的チェーンとのフランチャイズ契約のおかげで時にはリストラをする可能性があるベスト・ウェスタンのようなボランタリー・チェーンに救済されなければならない（第4章参照）。したがって、それは支配的になって、ますます集中する統合的ホテル業のタイプである（コラム参照）。すなわち、25カ国総計で世界における1,700万のホテル客室数の80％以上になる（図9）。そのうえ、施設の直接的経営の漸進的な放棄は、より良い収益性の研究に結びついている。言い換えれば、投資を制限すること（かなりの額になる）と給与総額を抑制することは、大きなチェーンが質とブランドイメージを維持したいとはいえ、主要な目的である。この矛盾は、航空会社の至上命題を思い出させる。われわれは、さらに一歩進んで、経済学者や金融上の地政学を十分に考慮するすべての人々が並外れた現象を検討しようとしないことを後悔しつつも、部門の戦略全体を細部にわたり再検討することを忘れない。後者と並んで理解される著作[114]において、私はしばしば金融グローバル化の現在の変化を説明するためにホテル企業を例に取り上げる。

---

114) Jean-Michel Hoerner, *Géopolitique du capital, op.cit.*

> ## 主要な統合チェーン
>
> 　大きな国際チェーンの発展は、確かに目覚ましく、レストラン・チェーンのそれと類似している。たとえば、1994年から2000年まで、アメリカのチェーンであるハイアット、ウィンダム・ホテル・グループ（旧センダント・コーポレーション）、マリオット・インターナショナルとイギリスのチェーンで長らくホリデイ・インであった後、インターコンチネンタル・ホテルズ・グループ（ICHG）になったシックス・コンティネンツの成長率は、30％を超えている。ホテル業の統合チェーンの世界的な格付けをしているMKGコンサルティングによると、2007年7月で次の通りである（客室数とホテル数）。すなわち、インターコンチネンタル・ホテルズ、556,000室、3,741ホテル。ウィンダム・ホテル・グループ、543,237室、6,473ホテル。マリオット・インターナショナル、502,089室、2,775ホテル。ヒルトン、480,000室、2,901ホテル。アコー、486,512室、4,121ホテル。チョイス、429,401室、5,316ホテル。スターウッド・ホテルズ、265,598室、871ホテル。カールソン・ホスピタリティ、145,933室、945ホテル。グローバル・ハイアット、141,011室、733ホテル。

　その起源、発展、構造により4つのタイプの統合チェーンがある。第1に、企業家（イギリスのビール醸造業者バス）によって買い戻されたアメリカの家族企業であるホリデイ・インは、中規模のホテルとレストラン（総売上高の40％）を特別扱いした。第2に、株式資本のおかげで拡大した家族企業であるアコー（コラム参照）は、しばしば中規模である多くのフランチャイズ・ホテルと経済的ホテル（星無しから2つ星まで）を数えている。第3に、ウォール街のブローカーである〔ヘンリー・〕シルヴァーマンによって完全に創出されたHFS[13]またはセンダント・コーポレーション（第4章参照）は、とりわけフランチャイズ・ホテルと極めて平均的な規模のホテルを保有している。最後に、投資ファンドのスターウッド・キャピタルによって取り戻したソシエテ・デュ・ルーブルは、ロークラスとハイクラスで利益を上げている（第4章参照）。わ

---

[13] Hospitality Franchise Systemsの略。

れわれは手短に現代ホテル業の偉大な創始者の1人であるコンラッド・ヒルトンの歴史を思い出そう。ノルウェー出身の家族の生まれの銀行家である彼は、1919年に最初のホテルを設立し、ホテル業における最初の多国籍チェーンは、1930年に20施設を数えている。彼の原則は、次の通りである。すなわち、ホテルにとって重要なことは、用地（今日ではそのコンセプトは時代遅れである）、快適さ、衛生そして共生である。

アコーグループ

　アコーはただ1つのホテルから始め、ポール・デュブリュルとジェラール・ペリッソンによって1967年に設立されているので、部門の集中を完全に説明しており、20年足らず後に何千ものホテルの帝国を保有している。次のいくつかのデータは、ためになる。すなわち、2005年には70億ユーロ以上の総売上高、約20万人の株主そして17万人の協力者または従業員。それはサービスの世界のリーダーであるが、営業粗利益の3/4と同様その総売上高の2/3は、ホテル業からもたらされる（1985年には491ホテル、1990年には1,421ホテル。2005年には90カ国以上で4,000ホテルと46万室以上）。サービスに加えて、その他の活動は旅行代理店（放棄の局面にある）、カジノ、統合されていないレストランと列車のサービスである。

　協定解消により可能な限り返済した借金の実質的な減少後、アコーは資産においてあまり貪欲ではないが、大変もうかるサービス、そしてとりわけホテル業にその活動の重要な部分を集中している。とくに、コロニー・キャピタルの10億ドルの出資のおかげとその「建物」の販売、すなわち不動産販売の結果、55万室が2008年の見通しとして予想される。ヨーロッパと北米は、施設のほぼ3/4が集中している。彼らのグローバルな経営は、次の通りである。すなわち、23％が不動産、42％がリースそして35％が契約またはフランチャイズである。7％がハイクラス（ソフィテル、スイートホテル）、35％がミドルクラス（メルキュール、ノヴォテル…）そして58％がロークラス（モーテル6/スタジオ6、フォルミュール1、イビス…）である。グループの新しい経営は、2006年には株式相場の激しい上昇を伴い（＋26％）、このことは再びもう一度アメリカのマリオット・インターナショナルとの結びつきの可能性を投げ返している。

最後に、マンション形式のホテルまたは観光マンションは、ホテルほどは人が集まらないが、その拡大は続いている。それらはフランスではホテル収容力の60％を少し超えるぐらいになっており、第１回目として、アコーグループは都市のマンション形式のホテルを設置するため、部門のヨーロッパ最初のものであるピエール＆バカンスと結合した。投資家は課税免除のおかげで非常に有利な価格で建物を購入しているが、１年の数週間だけ恩恵に浴しているにすぎない。９年後には、減価償却は課税免除措置と同じように終了する。不動産開発業者（準ホテル業）は、彼らが適切である以上の割り当てで投資家層全体を管理し、週ぎめで非投資家の普通の顧客に生産物を販売する。彼らは同様にサービス、ホテル、レストランまたはにぎわいのタイプのレベルを供給し、彼らにとってはそれらの利益はかなり多い。同じように別荘とホテル業の緊密なネットワークを意味するタイムシェア[115]に言及しなければならないが、すべての最初の企業は、とりわけアメリカとイギリスの企業である。すなわち、ヒルトン、マリオット・インターナショナル、ハイアット、シェラトンのような伝統的なホテルチェーン、そしてディズニー、グロバット、リゾート・プロパティーズ、バラット、そしてとりわけリゾート・コンドミニアム・インターナショナル（RCI）のようなもっと特化した会社である。後者のRCIは、200万人以上の会員の顧客を数えており（フランスは５％であるが、イギリスでは約60％である）、とりわけアメリカ、ヨーロッパおよびアフリカに位置する約3,000の施設を保有している。

第４段階の意図

　観光産業は国際観光の発展によって助長されるグローバル化の適切な形態をもっており、この理由で社会の新しい概念、とりわけ富める国のそれに含まれる。毎日、いくつかの新しい観光の概念が確立されており、それは観光産業の新しい組織を強調すべきである。われわれは企業の激しい集積を目撃するだけ

---

[115] タイムシェアまたは「タイムシェアリング」は、局地化されていない区分所有権であるが、アパルトマン、バンガローまたはバカンスの個人の邸宅のネットワークのなかに含まれる。

でなく、彼らの水平的発展の意欲をも目撃する。そのことは航空会社、とりわけ格安航空会社の観点からすれば気づきうることであるが、ホテル業においても同様である。ヨーロッパのツアーオペレーターにあっては、旅行産業だけでなく、アメリカの旅行代理店（たとえば、アメリカン・エキスプレスの持株会社）においても、また例外をなしている。われわれはこのセクターが買収や金融上の困難を証明するように、なお理解し合おうとするということを同じように言うことができるであろう。だから、われわれは観光企業の戦略全体を考慮に入れるのが有益であるという判断を下すのである。

第4章

観光の経済発展戦略

　世界を行き交う何億人もの観光客との関連で、観光産業は手作りの性格を帯びた小さな施設の多さを考慮して少し人を馬鹿にしたように思われることがある。しかし、われわれはその強力なダイナミクスがますますその経済的空間を占有する傾向がある最も現代的な枠組みのなかにあることを見た。したがって、すでに南とその団体客に関して言及した地政学的背景は、毎日いっそう複雑になっていることは言うまでもない。最初に、最大の企業、とりわけホテル業は至る所で注目すべき変化をもたらしているため、グローバル化を利用している。第2に、われわれはホテル施設の星にしたがって標準を定める彼らの顧客を少しばかり考慮に入れることを考えることができるであろう。最後に、とりわけそれらが南に位置するとき、受け入れ国に提供する特殊な条件でのごくわずかの重要性しか結びつかない。

　グローバル化とその捉え難い形態である金融グローバル化は、完全にこの十分に若い部門から利益をもたらしている。確かに、その資本の国際化を理由として、そしてとりわけその企業は国家にとってほとんど戦略的な危険を示さないから、それは最も強硬な自由主義の経験に身をさらしている。われわれはもし多くは中間の、そしてしばしばすばやいプロモーションを約束された管理職に当てられた伝統的な職業とこれらの企業と結びついていない、それほど資格のない労働者の極端な労働移動との間の矛盾を持続させないとすれば不思議に思うかもしれない。その他のものと同じような消費者ではないという観光客の地位を要求して（彼らは主要な居住地の外で少なくとも1泊を過ごさなければならない）、世界観光機関は観光活動の特定説を確認している。これらの要素全体が本章を豊かにしている。

「観光生産物」概念の妥当性

　最もすぐれた専門家は、この問題をしばしば非常に軽く扱っている。たとえば、ピエール・ピ[116]は、観光生産物のなかに「滞在地」を挙げていないだろうか？　しかし、各自はわれわれが前述の滞在地の提供を買うだけであることを知っている。そのことは観光産業に与える一般的印象を確認し、したがっていつも別に取扱われることで苦しむ。観光客によって購入されるお土産品やその他の手工芸品に加えて、観光生産物はわれわれが次のカテゴリーに数えることができる何よりもサービスである。すなわち、滞在、周遊、クルーズ、組み合わせ（パッケージツアー）そして広義のレストラン業、文化的かつスポーツの賑わいなどのようないくつかの拡張。その他の経済的部門におけるように売り手と買い手にかかわり合う生産物がなければ、観光産業は存在しないし、それは戦略が明らかになるレベルであることがよくわかる（コラム参照）。

定義と新しい概念

　「生産物」のより良い科学的アプローチのため、われわれは観光客の次の定義を提案する。すなわち、

—われわれは観光支出をするとき観光行為をするが、われわれは期間で観光客になり、全体で1日以下ではめったにない。

—観光支出は、当該施設の観光の性格や日常の環境の外でのまさに短い滞在から生じる。

—これらの条件において、われわれは直接的には専用の施設に対してや両親または友だちの家を訪れる別荘における滞在と同じくらい観光と結びついた取引を意味する観光旅行の枠内においていろいろな観光行為を行う。

—顧客を観光客に変化させる観光生産物の消費は、したがって観光施設に対する支出や間接的観光支出に帰着する滞在や同時に両者と結びついている。

---

116) Pierre Py, *Le Tourisme, un phénomène économique*, Paris, La Documentation Française, 1992.

―観光客はそれゆえ間近からまたは遠くから観光産業、すなわち国民経済会計において列挙される広義の売り手の活動に結びつけられている。
―世界観光機関による国際観光客流動の評価は、この定義によって再検討されない。なぜなら、われわれは発地国の外へ少なくとも１泊を過ごす観光客が問題であると認めることができるからである。しかしながら、われわれはかつて遊覧客（エクスカーショニスト）と呼ばれていた日帰り観光客を考慮に入れないこととトランジット観光客（１泊だけを１国において過ごす）を考慮に入れることを残念に思うであろう。

　観光生産物は、何よりも「市場区分」[117]に応じている。このように、観光、若者の観光を表す「特有の」区分を忘れないで、生きる術（遺産、美食、ショッピング、フェスティバルなど）、休息（海水浴、キャンプ、野外生活、グリーンツーリズム、テーマパークなど）、特殊な余暇のような３つの部分を伴った楽しみのための観光がある。クロード・オリジェ・デュ・クリュゾーとパトリック・ヴィセリアは、３グループ（再現する生産物、発展途上の新生産物、ニッチの生産物）に分類される28タイプの生産物を区別している[118]。図式的に、観光生産物はたくさんの財とサービスと同一視している[119]。これに関して、ロベール・ランカーは、スペインでは観光需要の50％が生産部門全体の20％の利益に与らせていることを示している[120]。われわれは同じようにジャン・エルバンの著書[121]が示している「循環」を認めることができるであろうし、とりわけジャン＝ルイ・カッコモとベルナルダン・ソロナンドラサーナの著書[122]は、本来なら「インキュベーションの段階、離陸段階そして市場の飽和

---

[117] *Plan marketing pour la France 1996-97*, ministère du tourisme/maison de la France.
[118] Claude Origet du Cluzeau et Patrick Vicériat, *Le Tourisme des années 2010*, ≪ la mise en future de l'offre ≫, Paris, Documentation Française, 2000.
[119] フランス人入居者の国内観光消費（ついでながらの数字）は、それらを十分に総括している（*INSEE*〔国立統計経済研究所〕の資料）すなわち、有償の宿舎（15％）、パッケージツアー（2.5％）、交通（42.5％）、カフェとレストラン（12.5％）、レジャーとレクリエーション施設（10％）、食料品（7.5％）、雑費（10％）。
[120] Robert Lanquar, *L'Économie du tourisme*, Que sais-je?, n° 2065, Paris, PUF, 1983.
[121] Jean Herbin, *Tourisme et Crise*, Grenoble, Revue de l'institut de géographie alpine, n° 6.
[122] Jean-Louis Caccomo et Bernardin Solonandrasana, *L'Innovation dans l'industrie touristique*, Paris, L'Harmattan, 2001.

段階」を区別している。ピエール・ピが強調しているように、「異なる財とサービスの単純な並列から遠くに、観光生産物は理解され、組織され、またはわれわれが言うことができれば、作られなければならない」。彼としては、ジャン・ガドレイは「似非生産物の概念」[123]を認め、それらに対してフランソワ・ヴェラは「非弾力性」（短期間での不適応）、「補完性」（非常に多数のサービス）そして「異質性」（同一ではない生産物）を区別する[124]。それでもサービスを問題にしているから、ジャン・ガドレイは「そのような活動の現実の生産物として考察することを認めることに関して根本的なためらい」を指摘している。

そのうえ、すべての「現実の生産物」（ガドレイ）と同じように、これらの観光サービスは何よりもまず観光施設のサービスである。ナイル川でのそのようなクルーズは観光生産物（輸送手段、滞在期間、コース、宿泊、価格）になりうるが、一般的な仕方では、ずっと前から存在しているナイル川クルーズは、正確に言えば、唯一でユニークな観光生産物ではない。最も有効なマーケティングを考慮して確認する観光客の欲望や欲求にしたがって修正することができるこれらの「滞在生産物」（コラム参照）は、同じように絶えず適応させられることができ、それゆえ再構成可能である。衰退段階を経験することなく、観光生産物のサイクルはあたかもすべてのサービスが存在しなくなる代わりに別なふうに続くように、再出発を経験することができると主張するとき、それはR.W.バトラーが考えていることである[125]。

滞在生産物

「観光生産物の効用は、滞在期間に結びついている」ということを思い出すと、カッコモとソロナンドラサーナが完全に問題を提起している。たとえ証明が信用できないとしても、あらゆる観光活動は期間におけるサービスを伴い、この期間は生産と消費の場所の単一性によって実現されるように思われる。当然、宿泊に結びついた生産物に加えて、レスト

---

123) Jean Gadrey, *op.cit.*
124) François Vellas, *Le Tourisme*, Paris, Economia/Cyclope, 1992.
125) R.W. Butler, ≪The concept of a Tourist Area Cycle of Evolution≫, *Canadian Geographer*, vol.24, n° 1, 1980.

ラン内での食事、レジャーランドや飛行便（フライト）のなかで過ごした日は、時間単位で測られるというのは非常識ではない。このように保健衛生のサービス、教育の時間そして自動車修理には違いがあり、そのため売りさばく時間はもっと長く、あらゆる差異を考慮して、サービスの性質に依存する。なるほど出される食事はファーストフードとミシュランガイドの「二つ星」の間では非常に異なっているが、逆に前の事例では、サービスのような方法は非常に重要なものにされる。したがって、われわれはサービスの観光生産物を「滞在生産物」と呼ぶ。

しかしながら、期間という唯一のパラメーターは不十分なままである。したがって、それは価格概念と関連しているのが望ましい。図式化した方法では、3よりなる単純な区分をもとにして（一方に、短期間、平均的期間そして長期間。他方に、低価格、平均的価格そして高価格）、われわれは下記の表5によって示すような9つの数字のケースを持つであろう。対角線における3つの組み合わせ（7/5/3）は、たぶんこれらの観光生産物の売り手と顧客にとって最適な機会となる。ホテルは実際に最も人気のある「滞在生産物」との関連で専門とする。最初のタイプ（n°7）では、季節性が重要であり、大きな距離に人気があり（遠隔のマスツーリズム）、付属のサービス（レストラン業、賑わいなど）の増加が特権的である。そのような提案はどこでも構わず提供されることがあるから、競争は生きている。このように、富める国の古い観光地域の農村のオーベルジュでの伝統的な滞在は、発地国のチェーンホテルの魅力を害す

表5　滞在期間と価格による9タイプの滞在生産物の組み合わせ

パラメーター	低価格	平均的価格	平均的価格から高価格
短期間 （48時間以下）	1	2	3
平均的期間 （48時間から8日）	4	5	6
長期間 （8日以上）	7	8	9

ると抵抗し、そこでは価格要素が決定的となる。それに反して、第2のケース (n°3) では、短期滞在は1年中可能であり、場所の魅力 (たとえば、ヨーロッパの首都) に依存し、われわれが評判の良い施設で週末を過ごしたいと思うときホテルの質を確認する。流行の影響と結びついた滞在の区分は、自由時間の条件で (アメリカで延長された週末またはフランスにおけるような自由時間の増加)、そして一般に、交通手段の改良でこの発展を容易にしている。

金融グローバル化における観光産業

　観光産業が非常に資本主義的であり、その拡大が確かになる程度に応じて、それはこのうえなく資本保有者に関係する。他方、それらの企業は最大の多国籍企業と同じ水準ではなく、資本の極端な分散を示しているという事実は、株価変動偏差値、吸収または提携を助長し、予算配分は最も捉え難い。至る所で、われわれは所有者の頻繁な交代、より典型的な観光部門出身の投資家の介入、吸収または株式買い付けの企てを見る。そのうえ、ホテルと並んで、不動産開発業者、所有者、管理者そして場合によってはフランチャイザーが異なる可能性がある。ホテル業、チェーンの戦略の多様性は、それらの起源、それらが看板を設置している国家、顧客の選択 (たとえば、どちらかといえばハイアットに対してはハイクラス、アコーに対しては多くの経済的ホテル業)、そして地方の状況 (投資家、フランチャイズへの傾向、遊園地の近接性など) に依存する。しばしばアメリカにおけるように年金を運用する投資基金 (年金基金) は、大きな統合チェーンのゲームに参加している。このようにしてコロニー・キャピタルは、ラッフルズ・ホテルズ・アンド・リゾートチェーン (シンガポール) とスイスホテルを買収し、一方スターウッド・キャピタルはソシエテ・デュ・ルーブルの所有者になっている。常に世界のホテル業に関わる商取引は、2006年には2005年よりも1/3上回って、およそ600億ドルになるであろう。

　たとえ多くの観光企業がヒルトンやアコーグループ (コラム参照) のように当初は家族経営のものであったとしても、最も重要なことはたいていの場合、この主要な特徴をもって今後は株式市場ですべて相場がつけられるということである。すなわち、相続した、または新しい歴史的方針は、総会における多数

決阻止では決して決められない。吸収のようなものである株式公開買い付け（OPA）[14]または株主のなかでの多数派の交代は、たとえ威嚇が組織的に成功しないとしても、そこでは、常に可能である。企業がアメリカン・エキスプレスのような持株会社を支配下に治めていないし、それが株式市場に上場するとき、それは理屈の上では株主総会によって管理される。しかしながら、資本の細分化が理由で、われわれはしばしば理事会に代わって総会によって委任された少数派の株主から構成される監査役会を用いる。持株会社のように、監視委員会はしたがってより直接的な、そして時々あまりにも不確かな経営を避ける。

アコーグループの選択

ずっと前からもはや株の3.5%しか保持していない創設者の祖先であるジェラール・ペリッソンとポール・デュブリュルが1997年に引退を決意したとき、彼らはジェラール・ペリッソンが議長となった監査役会を設置し、そのなかでわれわれは前述の創始者に加えて預金供託金庫とフランスの銀行を再び見出す。少し後に、われわれはそこに新参者であるアメリカ年金基金のコロニー・キャピタルを加える。アコーの監査役会の株主の権限は、たとえ制度的投資家または「機関投資家」（外国人の51%、つまりアメリカ人の25%そしてイギリス人の10%、そしてフランス人の23%）、多くの小さな所持者（資本の約12%）が事実上企業を支配しているとしても、当初は全体の14%に相当するにすぎない。一種の素朴な家族主義によって示される「一族」の精神は、しかしながら維持されている。ペリッソンとデュブリュルは、リールのノヴォテルの設立後、1967年に誕生したかれらの企業がその誕生に重要な役割を演じる質を保全するというセンスを持つことができるであろう。監査役会は業務執行役員会を選択し、そのトップにエリート官僚で、「パントゥフラール」[15]のジャン＝マルク・エスパリゥーを命じたということは常にこの展望においてである。ところで、後者は彼が信用を失ってはいないにせよ、2005年夏のあいだには不評を買っている。2005年には、アコーは3億ユーロ（＋30%）の記録的な利益を現金化しないか、CAC40

---

(14) óperations publiques d'achatの略。英語のtake-over bid（TOB）に相当する。
(15) pantouflard.（弁済金を払って）私企業に就職したグランドゼコール（高等専門学校）卒業生[公務員]。（R.1740ページ）。

[16]におけるその状況は、40年以下の企業の勢力を表していないだろうか？　しかしながら、エスパリゥーの選択は、2つの短所を示すであろう。すなわち、疑いがかけられている企業の資本にコロニー・キャピタルの基金を入れさせ、とりわけ創設者の祖先の1人はその甥のジル・ペリッソンを昇進させようとしている。旧取締役社長の紋章を再興することやむしろアコーの世襲財産のイメージを保護することが問題であるか？　エスパリゥーは職を解かれ、創設者の祖先は策略を受け入れられる。監査役会のなかでの多数のもめ事の後、そこではフランスの銀行は非常に活動的であり、形式的瑕疵の口実、一握りの指導者は妥協に帰着する。アコーは制度的なものによって新会員として認められる人物であるセルジュ・ワインベルクが議長となる理事会によって新たに運営されるが、新しい理事は業務執行役員会議長として監査役会によって選ばれたジル・ペリッソンになり、これらの2つの決定機関は2006年初めになくなっている。最後に、ジル・ペリッソンは執行委員会に取り巻かれている。

　もし株主の主要な「機関投資家」が今日十分に慎重であるように見えるとすれば、彼らは後で激しく抵抗しないということは確かではない。2人の指導者は株主総会に変更のありえる手を仮に指しているが、2人のうち誰も指揮を執ると保証していない。昔の監査役会は株主の実際の重要さを表している理事会が非常に良好であるのにシステムの発展を妨げており、たとえばアングロサクソンの「機関投資家」の同盟の衝撃の下でグループは外国人の懐の中に落ちている。「アコーとガリア人の村」[126)]を思い出すと、ジル・サンジェは「一方のいら立ちと他方の下心は、あらゆる成分が周知の通り『乗っ取り対象の』会社を不安定にするため併合されたことになるということ」に注目するとき、彼の不安を隠さない。ジャーナリストは「株主の第1位に持ち上げられているコロニー・キャピタル」の到来の邪魔な役割をも思い出させており、「もしヨーロッパ・ナンバーワンのこのフランスのチャンピオンが外国人の手に渡るとすれば、今回は国民的な関心に訴えなければならない」ということをユーモアで強調している。ガリア村は、決して彼自身を責めてはいない」。

---

126) Gilles Sengès, éditorial, Les Échos, 7 septembre 2005.

(16) cotation assistée en coninuの略。ユーロネクスト・パリ（旧パリ証券取引所）に上場されている時価総額上位40銘柄の株価指数。

株式公開買い付けは、構成要素において脆弱な（資本における多数の「機関投資家」の存在、そして利益の見込みにおいて魅力的なあらゆる観光企業にとって絶えず繰り返される脅威である。このように、ドイツの旅行業者TUIは、ホテルチェーンRIUというスペイン企業のなかで開始させる代わりに西部ドイツ州立銀行（WestLB）が保有していた31%を回収してその資本を補強することができた。後者は5%を保有し、TUIの株価は2006年に13%低下したにすぎないのに、ドイツのグループは敵対的株式公開買い付けに左右される状態に再び陥っている。いわゆるファースト・チョイスとのその提携は、したがって思いがけないものである。いずれにせよ、株式取引の過程は、変わらない。われわれは株主同士と銀行の出資のおかげで大きくなり、次にその永続的な発展を保証するために株式取引をすることで会社を設立することができる。それはアコーグループのケースである。われわれは資本を転換するために、直接に株主に働きかけることもできる。それがセンダントグループ（コラム参照）の事例である。

センダントグループ

　1990年にウォールストリートのブローカーであるヘンリー・シルヴァーマンは、大きな観光投資に着手する持株を管理する彼の顧客に提案している。彼のカリスマのおかげで、彼は非常に説得力があり、ホスピタリティ・フランチャイズ・システム（HFS）を創設し、ある数の看板をフランチャイズで再び取り、3年後には世界の主要なホテルグループになっている。年月が経過し、シルヴァーマンが彼のグループの分裂を決定するとき、われわれは会社の目がくらむような発展を予測する。確かに、前からセンダント・コーポレーションという名を付けられ、今後はウィンダム・ワールドワイドと呼ばれるホテルの部分は、6,400のホテルのコントロールとタイムシェアRCIの吸収にもかかわらず、もはや総売上高の13%にしかならない。そのうえ、彼は総売上高の19%になる旅行業部門（オンライン代理店オービッツとeブッカーズとともにGDSのガリレオへの参加）、レンタカー部門（アヴィスとバジェットから総売上高の28%）そして重要な不動産分野（とくにセンチュリー21から総売上高の40%）を創設した。やがてシルヴァーマンは、もはや旅行部門しか経営しなかった。

センダントの冒険は、教訓に富んでいる。それはまず観光産業のメカニズムがこの企画分野を可能ならしめている。次に、より高いレベルでの国際的ホテル経営と観光一般は、世界100位の中にいかなる企業も入らない（300億ユーロを超す総売上高）。ヨーロッパ第1位のTUIは、ほとんど200億ユーロを超えないし、フランス第1位のホテル業のアコーは、総売上高70億ユーロを少し上回るぐらいである。最後に、センダントの最近の戦略を裏付ける水平性の傾向にもかかわらず、あらゆる観光企業は実際の雰囲気において、あらゆる投機をあおる不動産分野においてまで常にその資本を多角化することを試みている。もしあるグループがアコーのように、なおこの多角化を避けるとすれば、テタンジェ家出身のグループは、心の迷いなく生きることになる（コラム参照）。

テタンジェ社の売却

　2005年夏のあいだ、シャンパンのテタンジェ社がアメリカのファンドであるスターウッド・キャピタルの手に落ちた。その最も価値のあるホテル業者であるソシエテ・デュ・ルーブルは、アコーに続くヨーロッパの経済的ホテル業の第2の中心を別にしても、とくにハイクラスのチェーンのコンコルドと豪華ホテルのクリヨンとともに親会社の資産の81％になる。テタンジェ家とその親戚（ベルギーのアルベール・フレールとプジョー家）が彼らの株主契約を終わらせるために定めた2005年11月の支払い期日を理由として、すべてが破局に陥った。最終的にもしスターウッド・キャピタルがホテル業者の大きな経験（シェラトンとメリディアン・インターナショナルチェーンの所有）を理由として優位を占めるとすれば、潜在的な再開の選択の幅を想起することは興味深いことである。その最近提携したコロニー・キャピタルを伴ったアコー、カジノのルシアン・バリエールの支配人、テタンジェ家の家族、その他のホテル業者、銀行、保険、多数の私的な「機関投資家」、すなわちアメリカのファンドのカーライルとフランス第3の経済的ホテルグループで、B&Bというタイトルを保有している〔投資〕ファンドのユーラゼオ。「機関投資家」の利益になるこの競争は、とりわけ一定のままで、現在の態度をよく正当化するホテル企業の構造的借金によって説明される。株式投機の文脈における取引は、28億ユーロの高さ、つまりホテル業の中心にとっての20億ユーロよりも少し多いぐらいである。

職業の熟練の機会

　ホテル業は観光雇用の大多数を集中している。総売上高の重要性、採用の約束にもかかわらず職員の不足、サービスの低い生産性は、ここでは劣悪な労働条件の苦痛を覆い隠す職業の熟練と関わりがあるというのが原則であるから、そのことは直接に関係がある。それは最も関係がある平均的なホテルととりわけハイクラスのホテルである。確かに、職員はより多く、一方顧客はより気難しく、看板のイメージは同様にもっと義務を負わせられている。それは他の場所よりももっと質と収益性を同時に妥協させなければならない。このジレンマをもっと良く理解するために、われわれは理論に関心を示す（コラム参照）。

生産性の重要さ

　われわれは次の公式を考慮することができ、それによると部門の経済成長率はわれわれがそれぞれTCS、TCPおよびTCE [17] と呼んでいる生産性と雇用の成長率の合計である。観光産業の確かな最初の危機前の2000年の初めまでは、4％のTCSは約1％のTCP（とりわけコンピューターと関連のある）と3％のTCEに対応している。ところで、企業はすでに指摘した総売上高の重要性からあまり資格のない、安いそして流動的な労働者を多数採用することで満足するようになる。そのことは生産性の成長を軽視することを裏付けている。したがって、その結果は輝かしいものではなく、構造的なものとなる部門の景気動向の危機は、その他の政治的なことを押し付けようとしがちである。われわれはそれほどたいして熱心でない職員で満足し、絶えず一新することができるだろうか？そのようなサービスにとっては危険な企てである生産性を向上させることはできるだろうか（たとえば、部屋掃除の女性の労働）？

　フランスでは—しかし、その他の富める国々は後れを取っていない—賃金労

---

(17) TCS:taux de croissance économique d'un secteurの略。部門の経済成長率。
　　 TCP:taux de croissance de la productivitéの略。生産性成長率。
　　 TCE:taux de croissance de l'emploiの略。雇用成長率。

働者の労働組合の優柔不断や敵意がたいして代表的ではないけれども、しかしながら積極的な発展が見られる。EUのなかでのドイツの拒否と職員に対する税の強力な引き下げの獲得と結びついた付加価値税（TVA）の19.6%から5.5%への引き下げの失敗に続いて、2007年にUMIH[18]の経営者は時間当たりの賃上げを伴った週39時間、さらに追加の7日間の休日を認めた週35時間を手に入れている。資格のある職員の増加によって助長されたこの労働条件の相対的な一時的好転は、統合チェーンの促進のおかげでホテル業をより魅力的なものにし、その他の観光部門が難しいと判断する仕事（たとえば、賃上げのない日曜労働）よりもホテル業をもっと魅力的なものにする可能性がある。このように、すぐれた資格を持つ若者は卒業後わずか数年で月給（手取り）3,000ユーロを受け取ることができる。われわれがそれほど強調していない富める国々におけるこの発展は、最初の持ち札を修正するが、これらの仕事に適合する有限の労働時間の概念からは遠ざかっている。

　部門にとっては、経済成長が再び3％に達することができる限りにおいて（より激しい観光客の増加は、組織的に収入増をもたらさない）、生産性の成長と雇用の成長との間の新たな均衡を打ち立てる必要があろう。すなわち、より高い生産性そして付随する仕方でのより多くの有資格者の雇用である。あるエコノミストが言うように、グローバル化は技術進歩を理由として資格を高く押し上げる[127]。彼らは言い足すのを忘れているのだが、それは金融グローバル化の短期の要求額のゆえに長期への投資を実際に無視することである。それで矛盾はないのだろうか？　いずれにせよ、コンピューターが常に生産性に関して前途有望であるとすれば、最も確実な手がかりは、あらゆるサービス活動と一致するホテルマネジメントに根拠を置いている。しかしながら、この手がかりはあらゆる問題を解決するものではない。もし部門が何万人もの雇用を創出することができるとすれば、労働者の要求額は経営者側の非常に妥協的な措置を助長することはない。最後に、もし最大のチェーンがついに大学生の育成と

---

127) Claire Guélaud, Le Cercle des économists---, Le Monde, 23 août 2006.

(18) Union des Métiers et des Industries de Hôtellerieの略。ホテル専門職・ホテル産業協会。
(19) バカロレア（baccalauréat:大学入学資格）取得から5年間の履修。

バカロレア+5 (bac +5)[19]の修士を一般化するホテル業のグランドゼコールで満足するとすれば、中小の組織は彼らの限られた能力のゆえに心配する。

　期限が完全に適用されるとはいえ、彼らの顧客とともに、ホテルチェーンの明白な「分散」は、万能薬となる。確かに、南の国々の低賃金と経営者の税金がわずかであることは、富める国々を犠牲にしてこの動きを助長している。言い換えれば、ただ観光サービスの必要性だけが極めて競争的にし続けているのではなく、たとえば団体海水浴客は南の遠方の目的地への亡命を追い求めるであろう。

ホテルマネジメントの一般的展開

　それは当然大きな組織には適切であり、次のジレンマに要約される。すなわち、質を向上させることができるか、収益性を損なうことなく、熟練しているが、高くつく職員を雇うことができるだろうか？　適合は微妙であり、もし職員のより良いマネジメントがそこで改善することができるとすれば、したがってそれらが望まれるとはいえ、手順によってよりも新技術による方が少ないであろう。実際は、ホテル産業はたとえば自動車産業で提起される問題に再び直面することになる。流れ作業は相次いで並外れた機械化によって、次にロボット化によって取り替えられた。ところで、サービスに関しては、そのことは考えられないままである。3つのタイプのホテル経営は、それゆえ特別であり、首位のものを除いて、最下等のものが多数の加盟を必要とするのに、その他の2つは契約で定められている。

　まず第1に、独立の多数派に属しているが、統合チェーンにおいてはあまり評価されない**世襲的経営**がある。すなわち、アコーにあっては21%そしてやがて15%、チョイスでは10%以下、センダントにあってはほとんど何もない。数字のこの場合には、チェーンは全体をコントロールし、そのホテル独特の人材育成プログラムのおかげで、それらはそのイメージを承知させている。ところで、このシステムの後退は、しばしば不動産の固定化を減らすというチェーンの意向をしばしば結果として生じ、そのことは所有者との契約を必要とするが、最大の収益性の追求をも必要とする。**フランチャイズホテル**は、ますます多く

あり（ルーブル・ホテルだけで1/3であるが、将来の予想では40%になる）、その質が最も苦しむ危険があるシステムを表している。したがって、ハイクラスのホテル、この際豪華ホテルは採用されないということは驚くべきことではない。給与総額はその支出の40%になり（３つ星や４つ星ホテルにとっての30%に対して）、われわれは顧客の要求が最も重要であると判断する。そうした意味で、フランチャイズはホテル業の職業倫理を幾分歪め、どちらかといえば低クラスへの適用を明らかにしている。ホテル業における非常に厳しい競争は、このように多くのフランチャイズ化した所有者（フランチャイザーは、総売上高の約５％を受け取る）にますます質を犠牲にするように仕向ける。いくつかのチェーンは、さらにいったん契約条件がもはや尊重されないとすると、彼らのフランチャイズを奪うことをためらわない。最後に、最も革新的なシステムを代表して運営されているホテルがある（コラム参照）。

管理されたホテル

　それは追い風に乗る管理されたホテルである。この場合において、所有者は不動産業者に融資するだけでなく、収入と支出の全体を管理する。したがって、彼らは職員の給料を保証する。しかし、契約に対して、チェーンは彼らの経営、すなわち彼らの職員ととりわけ支配人を押し付ける。財政上のあらゆる偶発的な出来事から解放されると、それらは質に基礎を置いて、とりわけホテルにおいて最もしゃれた彼らのイメージにより高い評価を生じさせることになる。ル・メリディアンチェーンに責任があると言われるように、われわれは「ホテル業者に対するホテル業者の経営（と）所有者に対する不動産業経営」を用意しておくことができるであろう。しかしながら、後者は職員に報酬を与え、われわれは彼らが経営に眼を閉じることができる苦労を想像する。報酬の重要性とそれらによる避けることのできない浪費を考慮して、彼らはより良い収益性を押し付けようとする。したがって、支配人は何度も繰り返される質と収益性のジレンマに直面する。ホテル産業はすぐれた労働を要求するだけでなく、それはサービスの役割に応えなければならない。言い換えれば、職員そしてとくに支配人の資格が不十分であるとすれば、サービスは悪いことで一杯になる危険にさらされる。しかし、われわれがその質をたいへん特別扱いするとすれば、それはたぶん再び問題にする企業の収益性であろう。したがって、われわれは

> ホテルの所有者と経営するチェーンとの間の力比べを想像する。すなわち、イメージに対する利潤！　われわれはしたがってこの慎重を要する問題を解決するため、生産性を向上させるべきであると絶えず繰り返す理由を理解する。

　マネジメントのこうした発展は、所有者と臨時職員化したチェーンのマネージャーだけでなく、職員全体を含む企業の地政学から生じる。管理職が強いか脆弱であるかによって、状況は異なる。支配人の手腕に加えて、われわれはパート社員の増加は収益性に有利に働くが、多数の幹部は質を向上させるということを想像することができる。ところで、フランスのホテル業においては、上級幹部と中級幹部のそれぞれの側は、5％と14％にすぎないし、もしそれが上昇するとしても、その他の経済部門においてよりもずっと低いままである。従業員のパーセンテージは、上昇している（65％）。一方、労働者のそれは低下しており（16％）、臨時職員は季節労働者が25％そして臨時労働者が30％以上で一定のままである。理論上は、それは収益性を向上させるが、もし資格のある職員がさらに改善することができないとすれば、知識が役に立つであろう。

　管理されたホテルの数は、急増するであろうし、そのことは転売し、閉鎖する独立のホテルの絶えざる減少とセットになっている。したがって、この動きがなくなるためには、2つの条件が必要である。すなわち、管理契約の一環としてますます会社を外部化する傾向がある程度に応じた、部門の発展と不動産の良好な状態である。第1の点において、そして危険にもかかわらず（第5章参照）、大胆に許可を与える。第2の点では、簡潔な分析後、楽天主義が同じように通用している（コラム参照）。

会社の外部化

　確かに、大ホテルチェーンの大部分は、適切な会社の利益のために不動産譲渡政策を推し進める。すなわち、2005年の452億ドルに対して2006年の700億ドル。このように、アコーは多数のソフィテルの会社（4つ星）とさらにその他の100のホテルを10億ユーロで売却している（フォンシエール・デ・レジオン、ジェネラリ、アシュランス・デュ・クレデ

> ィ・ミュチュエルそしてプレディカ・デュ・クレディ・アグリコルの所有であるフォンシエール・デ・ミュール)[128]。会社としては、イカドグループ（預金供託協会またはSDC[20]に売却しようと試みた後、クラブ・メッドはコンドミニアムのこの方式において契約を準備する。すなわち、ブラジルとモーリシャスでの将来の施設は、他の場所で調査する。実例は同じようにレストラン業においては多数あるが、不動産業はもっと限られている。われわれはコロニー・キャピタルのファンドによって買い戻し、不動産業のクレピエールに128「社」の売却を決定したバッファロー・グリルの最近のイニシアティブを引き合いに出すであろう。

　戦略は単純である。一方では、不動産バブルを理由として、供給は魅力的であるが、ホテル業やレストラン業にとってはそうではない。主要な投資や年金の基金、有名な「機関投資家」は、潜在的な仕方で、毎年2つの数字で利潤率を理解するような取得（投機を伴って）が大好きであり、豊富な手元金を理由に投資するように強いられている。この投資の長所は、会社を売却するが、存続している管理者の保証、そして株主を満足させるためにキャッシュフロー（手元金）を使えるようにし、その拡大を継続するチェーンの意思に根拠を置いている。この現象は公私によって、国家によってGDPの40%から120%の間で変化する世界の借金の増大と結びつけられなければならないだろうか？　もう一度、われわれはたとえ「不動産バブル」の破綻が2007年夏以降の経済に本気で迫ってくるとしても、それは生産的である証拠をもっている。

　無情にも、われわれは株式取引の問題と企業の投機に立ち戻ることにする。アコーグループの例は、2006年1月における実際の方向の変更と結果として生じる新戦略を伴って、再び良いアプローチを可能にする。しかしながら、われわれはその良い結果の追求（2005年と比べて2006年上半期の総売上高の8％増）がバランスを保つということを強調するためでないとしても、その株主の細分

---

[128] 2008年をめどに、借りている500以上のホテルの会社は30億ユーロ以上で売り渡される。

[20] このグループはSociété Centrale Immobilière de la Caisse des dépôts et consignations (SCIC) の名称の下で1954年に創設された。

化と結びついた構造的脆弱性には立ち戻らないであろう。アコーはそれゆえより好ましい能力がある部門を評価することで発展しようとしている。すなわち、ホテル業そしてとりわけ観光がまだそれほど発展していないが、非常に前途有望な国における低レベルのものである。立会人が株式公開買い付けを待ち、次にカールソン・トラベルとのパートナーにおいてフランスの旅行代理店から身を引くとき、それでもやはり同時期にわれわれが見たように会社を売却し、クラブ・メッドから身を引くのが見えるのはアコーである。確かに、アコーは2つの目的を狙っている。最初のものは、資産を譲渡し、その適切な資本を増やすことで裕福な株主を大事にし続け、グループは再評価されることになる株式を買い戻すことができる。

われわれはそのとき企業が販売できる状態にあり、少し逆説的な仕方で、相場が上昇して再び活気づくと言う。これらの譲渡全体を当然評価していない株主の批判に敏感なジル・ペリッソンは、あらゆる領域でのたんなる拡張において、新たな利益のすべてを利用しないで信頼のムードを回復した。より長期の第2の目的は、しかしながらここから2010年にかけて40％以上のホテル駐車場を増加させることを狙っている。最も関係のある地域は、新興国（ブラジル、インド、ロシアそしてとりわけ中国）であり、ホテルの50％は「経済的」ホテルであり、70％が経営されている。

観光産業が国際的融資から引き離され、外国の部門にとどまり、利益を奪われ、ただ観光客の苦悩に変わっただけであるとまだ考えている人々は、この考察のすべてに驚くであろう。われわれはこのようにヒルトン・ホテル・コーポレーションに関して、アメリカファンドのブラックストーン・グループの側のレバレッジ・バイ・アウト（LBO）[129]のいわゆる売買の次の結末をつけることを想起することができる。2007年7月に発表された約260億ドルのこの取引は、10万客室のホテル経営者の拠点を強化するが、センダントグループへのウィンダム・インターナショナルチェーンの譲渡に続いて（上記参照）、われわれは同様に相次ぐ運命によってヒルトンホテルの転売を心配するかもしれない。

---

[129] レバレッジ・バイ・アウトまたはLBOは、借金により会社を買収し、しばしば持株会社を創設することを目的としている。

エリート主義の観光の展望

　われわれはパリのリッツ（1896年）のような最初の豪華ホテルの創設、19世紀における英仏海峡やその他の地域の観光地の贅沢な分譲地の整備、そして同時期のイギリスの有閑階級の金利生活者のこの傾向を覚えている。われわれは50万ユーロを超す客室のコスト（1泊の理論的価格：5,000ユーロ！）のペルシア湾における巨大な豪華ホテルの建設やその先頭にあって合併することを望んでいるP&Oプリンセス（イギリス）、ロイヤル・カリビアン（ノルウェー・アメリカ）そしてカーニバル（アメリカ）のクルーズ会社の4つのより大きなクルーズ客の総売上高が100億ドルであることも思い出すことができる。他方、もしソデクソやエリオールのような共同レストラン業のグループがエッフェル塔のジュール・ヴェルヌやパリの有名な場所のそれらのような高級レストランを経営するために競争するとすれば、たぶんハイクラスのものはイメージを助長し、それゆえ金もうけ主義の賭けとなるが、エリート主義の観光市場は確かに現実的なものである。すなわち、「フランス人の10％は、国富の55％を保有している」[130]。ホテル部門は、同じように発展する（コラム参照）。

ハイクラスのホテル経営

　数年前に、挑戦的なやり方で、われわれはマスツーリズムの終焉を予想した[131]。なるほど、われわれはそれからさらに隔たってはいるが、「4つ星」やそれ以上のホテル経営は非常に流行している。アンリ・ジスカール・デスタン〔元仏〕大統領によると、クラブ・メッドは「ハイクラスのホテル経営によって提案された質の追求」があるから、「より寛いだ顧客」を切望してはいないだろうか？　ある程度までは、問題はきわめて不器用な経営者であるジルベール・トリガノという創設者の2001年の死後の真の革命である。他方、われわれはルーブル・ホテルになったソシエテ・デュ・ルーブルを買い戻した後、クリヨ

---

130) Ignacio Ramonet, 《Chancelante démocratie》, *Le Monde Diplomatique*, octobre 1996.
131) Jean-Michel Hoerner, *LaFin du tourisme de masse, op.cit.*

ンを中心にした豪華ホテルチェーンや豪華なコンコルドのホテルに加えてハイクラスのエレマン・ホテルの新しいチェーンの展開を望んだスターウッドのように「デラックスなホテル経営における地図の再分配」[132]に居合わせており、または豪華ホテルの方へソフィテルのネットワークの輪郭を描こうとしているアコーのように（ソフィテル・コレクションまたはソフィテル・ラグジュアリー）、われわれは「デラックスな経営における地図の再分配」[133]にまさに居合わせている。われわれは同様にミラノでの「7つ星」ホテルの建設を引き合いに出すであろう。2005年に客室当たり収入がヨーロッパで3％、アメリカで7％から8％へ上昇したことは、この傾向を説明している。それはスターウッド・キャピタル、ブラックストーン・グループ、ユーラゼオ、コロニー・キャピタルのような投資ファンドまたはサウジアラビアのアル＝ワリード〔・ビン・タラール〕王子のようなある億万長者よりもホテル業との結びつきの方が少なく、結局同じようにシンガポール、ドバイまたはパリのような完全にターゲットと定めた場所と結びついている。

専属の固定客がいるだけでなく、同じようにより良くコントロールすることができるホテル経営を実施する意思が存在する。新興国においては、このように遠隔のマスツーリズムを予約する大きなホテルを建てるよりもプチエリート専用の豪華施設を建設する方がより慎重である。われわれはこうして社会的扇動やデリケートな異文化間の関係は、社会的断絶が非常に広がった国における外国人観光客の非常に多数の出現を再び問題にする限りにおいて、ひどい混雑を回避する。パリの場合は違っており、きわめて特殊であり、さらに全体として、富める国としてのフランスでは、マスツーリズムは信用がある。

第5段階の意図

航空会社の戦略がその発展にもかかわらずかなり典型的であるとき、旅行産業ととりわけレストラン業と結びついているホテル業は、金融上の変化と非常

---

132) Christophe Palierse, *Les Échos* du 31 janvier 2006.
133) Ibid.

に有名な経営を経験する。それらは株式市場のあらゆる投機を支持していると感じられるであろう。

　ますます集中して、それらはより小規模の市場部門やさらに非市場部門（たとえば、団体観光）を脇に置くにもかかわらず、とりわけホテル企業は生産要素を分離させ、顧客をたいして損なわない拡大の必要性との関連でもっと大きくなる質／収益性の二重性を絶えず自問する。外部化の原則はここでは大きくなり、それはこうして会社または職員の管理を施設のイメージから分離することができ、大きなホテル複合体のなかで決定権を増大させるのを見る。すなわち、レストラン、分割可能な宿泊部分、商店街、賑わいなどである。

　最後に、われわれは職業の熟練についていかに話しても無駄であり、労働条件は難しいままであり、給与はたいして上がっていない。なるほど昇進の可能性はたくさんあり、時には早いが、並外れた総売上高がなければ、確かにもっと難しいであろう。より多くの資格のある職員の採用としたがってより良い給料という点で、この部門はその他すべての部門と似ているであろう。したがって、われわれは低開発国のなかでの観光客の一時的移動とならんで、ホテルチェーンが国外に移転する強い傾向を強調する理由がある。そのことはある植民地主義の思想を裏付けており、そこでは鉱山資源は太陽、海岸そして海によって取って代わられる。

第5章

「専属観光」から持続可能な観光へ

　北の13の国家とそれらの企業によって主にコントロールされている地球全体の観光のあいだの結びつき、そして1992年のリオデジャネイロの地球サミットで投げかけられた第一歩による持続可能な観光の責務は、全く明白ではない。しかし、世界の観光産業を支配するにあたり、北は南の目的地において持続的な発展を保証しなければならないであろうし、そこでは住民の利益は、その他の見通しがなければ、しばしばこの活動に帰着する。この方針は京都議定書におけるように、われわれは空間がますます「閉鎖され」、すなわちほとんど整備できなくなり、エコツーリズムの多くのイニシアティブにブレーキがかかる北の生態上の損害を償うために南を開発するのを進んで邪魔する限りにおいて、環境に関して特別扱いするとは感じられない。

　幸いにも、持続可能な観光はたとえもう一度われわれが沿岸地帯の経済再建と結びついた発展計画において地元住民をより良く結びつけるため、南アジアにおける2004年12月の津波のすべての結果を引き出すことを知らないとしても、環境問題に尽きるものではない。「持続可能性」はまだ頻繁に口実として役立ち、この良識の強力において、最も急進的なことは漂流を避けるという事実が、住民に良い暮らしをすることを可能ならしめると信じさせる過度の傾向がある。このように、観光雇用の「持続可能性」はほとんど言及されない。それでは観光はエコシステムを深刻に損なうことなしには経済発展できない有害な活動であることを暗示しなければならないだろうか？　それはたぶんその他の経済活動全体の束のなかで観光活動を考察し、これらの条件において正しい目的をもって必要な行動を拒否しようとする持続可能な観光の文化の原則を押し付ける必要がある。ずっと昔から非常に活動的である南の国々における開発問題の専門家は、もし制度上の大きな組織が非常に非現実的な計画を賞賛して彼らの植民地独立後の失敗を覆い隠そうと努めないとすれば、それでも不思議に思うかもしれない。

119

北の企業の遍在

　内部（企業内貿易）だけで世界貿易の40％以上になる多国籍企業に当てられた「企業内取引」の概念は、観光産業の主要な国家に適用することができる。われわれは同様に10以上の国々が国際的かつ国内の観光収入のほぼ3/4を占めるということを確認する。彼らの顧客は世界中で十分に支配的であり、観光の多国籍企業のプレグナンツと同様彼らの旅行－滞在条件は、この重要な考察を正当化している。そのことはたぶんすでに言及した南の人々のいらだちを説明している。持続可能な観光の必要をこの現象に結びつけることは、非常識なことではない。なるほど環境上のパラメーターを判断するのが問題であるが、北の曖昧な支配やその経済や文化といった南に対する価値を考慮することなしには、任意の「持続可能性」はもはや考慮することはできない。英語のsustainable（「われわれが維持できること」）は、たぶん≪durable≫によってまずく翻訳されているが、いずれにせよどちらも納得のゆくものではない。実際に、もし生活圏を保全しなければならないとすれば、われわれが支持しなければならないのは貧しい国の富める国への従属の状況ではない。ユートピア？地政学は問題を提起するが、いつもそれを解決するものではない。

　世界の観光収入の大部分は、次の国家によって生み出されている。すなわち、カナダとアメリカ。フランス、スペイン、イタリア、ドイツ、イギリス、オーストリア、スイス、オランダ、ベルギー。オーストラリアと日本（**図10参照**）。われわれはその状況が分岐点にある中国を挙げることをわざと忘れている。この統計は世界の15の主要な観光国が今日では入込客数の2/3以下であるのに、1950年には97％を記録していたのを知るときには驚くべきことのように思われる。そのうえ、われわれが示しているように、2020年には北の受け入れ観光が２倍になるのに対し、南のそれは５倍になると予想している。しかしながら、収入の観点からすれば、重大なバランスは完全には修正されていない。一方では、観光支出は富める国でははるかに上昇する。他方、受け入れ国における支出の無視することのできない部分は、発地国に帰属するか、とどまる（コラム参照）。

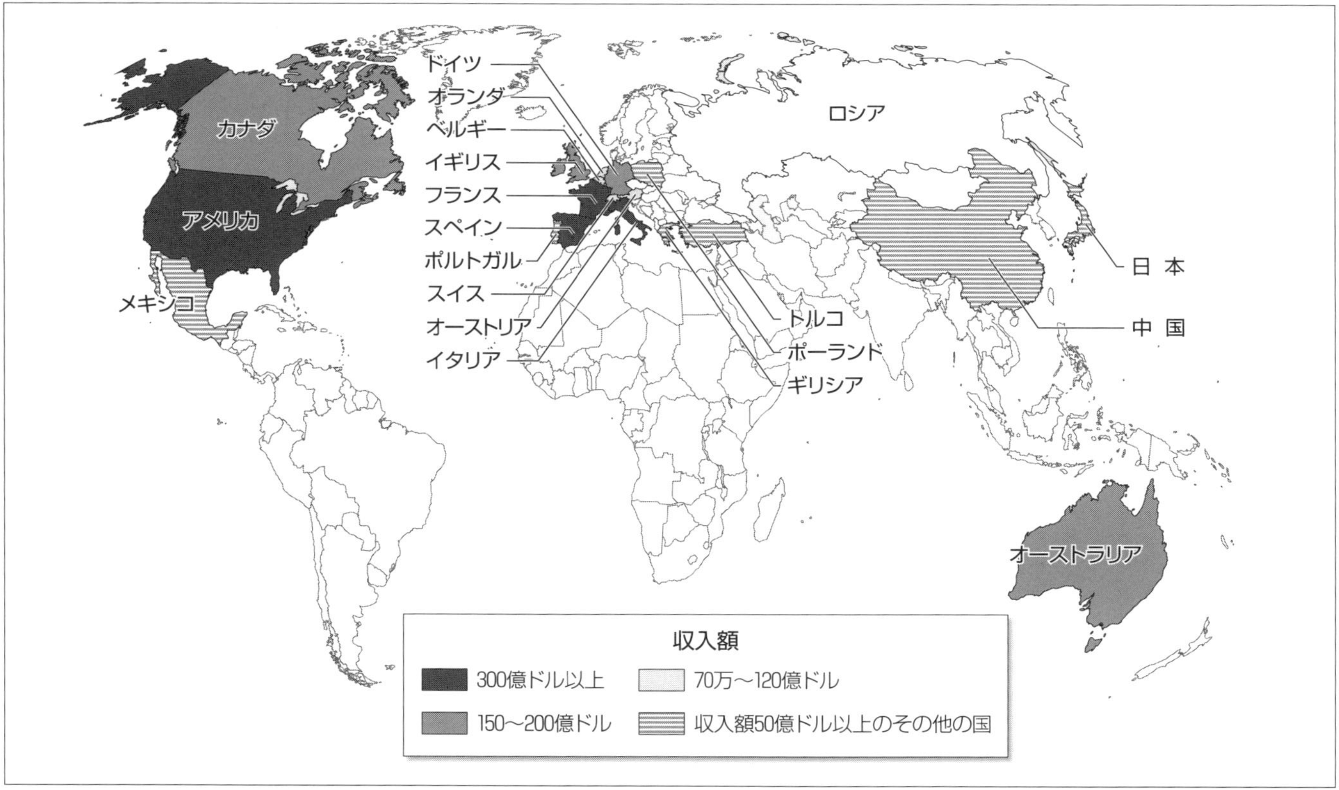

図10 多額の国際観光収入を有する国

受け入れ地域と発地地域の間のグローバルな収入の分配は、しかしながら変化したし、なお変化する可能性がある。こうして、航空会社エア・モーリシャスの設立前には、モーリシャスは総観光収入の90％がなくなっている。モロッコのようないくつかの国々は、少なくとも観光収入の2/3を保証するため、外国人の投資（不動産や税務対策）を保証しようとしている。同様にいくつかの国家はタックスヘイブン〔租税回避地〕という間接的な方法であらゆる不正取引の汚いやり方で得た金を利用してホテルを設立することに眼を閉じるのをためらいはしない。それは非難する必要があるだろうか？　戦いはちぐはぐであり、それはその他のすべての部門と比べて唯一の独創性と関係があり、構成する観光活動の同じ原則である。われわれは売り手と消費者が彼らの取引場所を分散させるので、北はその産業と顧客を同時に輸出すると見てはならないか？ところで、もしわれわれがすべての生産が社会的であると考えるとすれば、そのことは観光客の重要性がこの輸出を伴うという理由をも説明する。しばしばよくあるケースのように、全体的な自由を享受するという条件つきで、一国における何百万人もの観光客の出現は、民主主義の使者であり、きわめて独裁的な政権に打撃を与えることができるとは言えないだろうか？　ある者にとってはそれは良いことであるが、すべての者は政治的な不当な干渉が問題であるということを認めている。われわれはそれが外国人観光客に国境を開くのを拒んだときに、ムッソリーニというイタリアのファシストの強要がどのようなものであったかを覚えている！　いくつかのものは積極的であるにもかかわらず、常にそれは観光が最悪のグローバル化と一体化するという意味においてのことである。ヒューマニストの理想に粉飾され、南の観光産業は景観と、もちろん、男と女を商人や彼ら自身のために豊かな経済活動の価値を増大させる北の旅行者へ供給するであろう。

北の独占

　後者の点を理解するため、われわれは新興国においてヨーロッパの観光客の家族によって実行されたパッケージツアーの例を取り上げることができる。全体として、収入は発地国、より正確に言えば、それと関係がある富める国と滞在する受け入れ地域の間で分

配する。このように、旅行業者と旅行代理店に対する支出、保険の申し込み、航空輸送の半分（現行の協定による）、ホテル業者の経費の一部（国際的チェーンのホテルにおいて）、ある飲食支出、そしてさまざまな経費は、発地国と類似の国の企業を養っている。最良のケースでは航空輸送の半分、多くの滞在費、レストラン業の一部、賑わい、手作り品の購入などは、受け入れ国の実際の収入を構成している。最良の仮説においては、そのような受け入れ国は彼らの国際収入の半分を受け取るときに満足する。

持続可能な観光の原則

　われわれは「持続可能な観光」は別としても、観光の地政学を書くことができるだろうか？　ジョルジュ・カーズとロベール・ランカーの短い文章は、論争を豊かにしている。つまり「エコツーリズムは最後の未開拓地でお金を稼ぐために活動する人たちの良い仕事であり、持続可能な観光はその他のところでもはや失わないようにするための国土整備専門家たちの良い仕事であった」[134]。これらの著者たちは多くの観光専門家たちが思い切って主張しないことをユーモアをもって言っており、われわれが最良の解決を見出すであろう「互いに関連している」や「公正な」といった形容詞を繰り返すことはない。たぶん説教を垂れる人はすべての政治論文において隆盛を極め、正しいと考えることの範を示す魔法の言葉を頻繁に繰り返すから、もう少しで偽善の最良のものになる。そのことは、そのコミューンにおいて別荘を購入し、自然環境が守られている近隣市町村が利益を得ることをすすめたペルピニャンの南のコート・ヴェルメイユの元市長の声明を思い出させる。それにもかかわらず、われわれは実際の大きな問題点の1つに触れずにおくことはできない。

　このように、ピエール・メルラン[135]はわれわれが「未来を守って成長する」という野心を主張するアコーグループを非難する必要がないのと同じように、

---

134) Georges Cazes et Robert Lanquar, *L'aménagement touristique et le développement durable*, Paris, PUF, coll. ≪ Que sais-je? ≫ n° 1882, 2000.
135) Pierre Merlin, *Tourisme et aménagement du territoire*, Paris, La Documentation Française, 2001.

「自然遺産と文化遺産の保護は、観光の同じ目的である」と強調するのはたぶん正しい。2001年の年次報告において、この企業は「人的資源、環境責任、社会的責任」という３つの部分の衰運にあるこの問題に90ページのうち15ページしか割いていないのか？　1992年地球サミットのアクション21と密接に関連して、持続可能な観光は世界観光機関[136]によってすでに強く勧められた「特別な測定手段」を拠り所とする北からもたらされた概念である。すなわち、地区の保護、観光圧力、利用の激しさ、社会的インパクト、開発の抑制、ごみの管理、計画化、脆弱なエコシステムに対する配慮、消費者と地方住民の満足、観光の地方経済への寄与、さらに３つの「複合指数」（収容能力、地区の混乱そして利益）である。

持続可能な観光の指標

　これらの指標は、L'Application pratique des objectifs du développement durable dans le domaine touristique〔観光分野における持続可能な開発目的の実践的応用〕に関するパンフレットにおいてフランソワ・ヴェラとエルヴェ・バリウレ[137]によって試されている。先例に基づいて、われわれは環境指標、社会的指標、経済的指標の３グループの指標を指摘する。第１に、環境指標は、液体のごみと固形ごみの処理といった自然のインパクト、水の消費や視覚によるもの（建造物の高さ）に関心がある。第２に、社会的指標は雇用の創出、職員の連続的な人材育成、地方の入り込み、安全、衛生、文化的なもの、子どもの保護に関する情報（第１章のセックスツーリズム参照）そして最後に労働協約を重視している。第３に、経済的指標は地方の生産、開発の抑制そして新しい技術の利用に及ぼすインパクトを判断する。

　この報告は、バリ島のヌサ・ドゥアの観光地域において選ばれた２つの例に言及している。第１の例は、16に対して７と評価された結果、「固形ごみの処理に関しての」まじめな努力を示しているが、多くの未開拓市場においては赤字のままである「２つ星」ホテ

---

136) OMT, *Guide pratique pour l'élaboration et l'emploi d'indicateurs de tourisme durable*, Madrid, 1995.
137) François Vellas et Hervé Barioulet, À partir des indicateurs du tourisme durable, Le Bourget, 2000.

ルである。ハイクラスのホテルである第2の例は、「水の消費」と「持続的な人材育成と地元購入の評価」に関する不注意にもかかわらずより良く格付けされている（16に対する9）。しかしながら、2つのケースにおいて、われわれは衛生をなおざりにし、子どもの保護をあまり気にかけず、いかなる労働協約も持っていないことを示している。われわれは、満足して、この著作が「その他の経済部門の発展のなかへの観光の統合」、「公私の労使協調の扇動と決定権の分散」、そしてとりわけ「観光開発のすべての当事者のための人材育成の実施」を勧めるということに気づくであろう。

　さらに、多くのONG[138]〔非政府組織〕は、アフリカとアジアにおける「持続可能な観光」の経験を増大させている。それらはいくつかの孤立した農家の代わりに村全体を意味しているとはいえ、とくにフランスにおけるアグリツーリズムの手法に似ている。しかしながら、これらのイニシアティブは、限界がある。一方、それらは秘密のままであり、もっと本物の滞在をする用意がある何百万人もの観光客を満足させることはできない。他方、そしてとりわけ、それらはなにしろエリート主義の顧客が住民の裕福な階級のなかで集められるその他の開発では決してなかった。マリの元文化・観光大臣であるアミナタ・トラオレの思想と概念は、考察の優れた根拠になっている。メンテナンスにおいて[139]、彼女はたとえば国の文化的景観における統合を強調して、ホテルやレストラン・ギャラリーにおけるバマコへの投資を辞退する。次に、「変質した世界連邦主義者としてわれわれが開始する挑戦、それは考えられるその他の世界の具体化である」ということを強調した後、彼女は「フランツ・ファノンが語った絶対的人格喪失状態に終止符を打つ」ことを求めている。彼女は2002年に出版した著書と同じタイトルにしたがってそれを「妄想の強姦」と名付けている。

　したがって、それは問題になっている観光の経済的選択である。なるほど、現在、マリの目的地はまだたいして探求されてはいないが、小さなアフリカの

---

[138] Organisation non gouvernementaleの略〔英語ではNGO〕。非政府組織。
[139] Interview d'Aminata Traoré（une femme en colère）, *Le Monde 2 n° 72* de juillet 2005.

国家が観光の天の賜物を必要としているのか、いないのかを知ることが問題である。ところで、「西洋人の利益に尽くす開発政策の［アフリカにおける］導入」を中傷することが無礼ではないとすれば、われわれは同時に「十二分のアフリカ人消費者のいる市場の外でアフリカを維持する国際金融制度」を非難することができないし、西欧諸国はアフリカの伝統からあまり隔たった製品をもはや輸出しないことを要求する。われわれがマダガスカルで見たように、それはマダガスカル人にトランジスター・ラジオ、テレビそして今後、携帯電話を買うように仕向ける観光客ではなく、現代技術への接近を要求する権利がある社会の発展である。

アミナタ・トラオレによると、「変質した世界連邦主義は、南の国々と北の人々との間の連帯感に新たな価値を見出すやり方である」ので、彼女は真の問題を投げかけることに十分気をつけている。すなわち、それが本当に持続可能であるとすれば、観光は産業の規模を大きくすることができるだろうか、すなわちそれは経済発展の重要な要素になることができるだろうか？　世界観光機関を代表して、フランチェスコ・フランジアリは、南における観光の４つの行動タイプの調査目録—行政当局、非政府組織、観光産業そして個人の観光客—を作っている。それぞれの役割を決定しようと試みるにあたり、彼は「観光の持続可能性を保証する」という緊急性を認めているが、「世紀の後半1/4のリズムとはそれほど似ていないリズムで、来るべき10年間に成長を運命づけられている急テンポの活動部門」[140] を再び問題にすることはない。基本原則の外交は、狙いを覆い隠さないし、われわれは同様にそれが何人かのエコロジストのなかで賛同を集めると信じることができるであろう。つまり、「持続可能な開発は、相当な投資を必要とする」ので、「それはわれわれが最も目覚ましい成果を見る贅沢な世界のなかにある」[141]。われわれは「ひそかに海岸の掃除に」参加しているプーケット（タイ）のエヴァソンホテルの客を引き合いに出さないだろうか？　他の場所で、「同種の蚊は絶滅しないが、その繁殖が生理的ホルモンによって制限される」とは言えないだろうか？　最後に、世界のいかなる地

---

140) OMT, *Guide pratique*…, *op.cit.*
141) Marjorie Alessandrini, Le paradis durablement, *Le Nouvel Observateur* n° 2197, *La terre en danger*, décembre 2006.

域もその環境の観点からすれば無事ではない激しい産業成長を体験したということを思い出さなければならない。そのうえ、国際観光の植民地主義者の傾向は、はるかに憂慮すべきである。

　われわれはもう一度、「持続可能な」という用語は、観光流動の永続化を意味するに違いない持続可能な観光の文化を称賛するであろう。前述の指標のなかで、社会経済的な性質のものは、ただ受け入れ国の反応に依存するのではなく、同様に国際的な観光流動に依存する。2002年10月のバリでのテロの後、国際観光客が見捨てたことは現地住民の破滅の原因となった。もし観光客流動が一時的なやり方にせよ涸れるとすれば、われわれはまじめに持続可能な観光について語ることができるであろうか？　持続可能な観光は、社会構造がその他の専門的な活動を選んだ住民の利益になるように修正された時から一定の観光収入の必要性と必然的に一致する。次に、われわれは来訪される住民と観光客の間に存在する文化的、社会的関係を強調しなければならない。一方、「それは財やサービスの内在的な特徴というよりはむしろ、観光を創出した観光の消費者の活動である」[142]と主張して大げさに言っている。他方、観光客は彼らが熱望する経済活動の発展における責任の部分を持っていないと考えるのはけしからぬことである。彼らの文化の豊かさを示すことを自慢する人々とすでに礼儀正しさによって、そしてもしもう少し好奇心をそそられるとすれば、彼ら自身のための関心によって受け入れるものを尊重する観光客の間でバランスが見出される。サルトルの意味において、われわれは「さらに私は私であることを知っているとはいっても、他者は私の存在が是非必要である」と言うことができる。顧客の固定客化は目的地のブランド・ロイヤリティに変わるとはいえ、自己を知らないが、他者のなかで自分を認めようとする人々の間でのこの集合は、1つの「文化」形態に類似している。もしわれわれがそれを望むとすれば、彼らは「文化」という用語を正当化する異文化間の関係に含まれる。

---

142) Alain Laurent, La longue marche du tourisme responsable vers le développement durable, Paris, *Revue Espaces, tourisme & loisirs n° 220*, novembre 2004.

> ### 持続可能な観光の文化
>
> 　この異文化性は、もしそれがある持続可能な観光を構成するとすれば、十分に生き続けるにすぎない。われわれはそれゆえ「持続可能な観光の文化」という表現を取り上げるであろう。それは文化観光のユニークな観点で認識されたにすぎない受け入れ国が、その固有の文化の価値を増大させる来訪される側の住民と観光客によって共有される観光地域を創造する。この見通しにおいて、環境上、社会的そして経済的なすべての指標を配慮することは、当事者間の平等主義の関係のなかで実行される。持続可能な観光の文化は、それゆえホスピタリティ、畏敬そして発見の原則から地元住民と観光客の間の近接の関係を創出する。来訪される側の人々は、可能な限り良好な、専門的な人材育成を展開させなければならないし、観光客は違いの正しい認識に基づいて自覚しなければならない。

リスク管理

　リスクは取るに足りないものや日常生活の範囲にあるものに応じて、リスクとみなされる場所の入り込みと結びついている2つの等級がある。第1のものは、地政学的な影響はなく、たとえば天候の不安（フランスにおける2007年の雨の多い夏）に起因する。われわれはたとえ観光産業への影響が存在しないとしても、それが快適さの問題に要約されるから、言及しないであろう。第2のものは、われわれが普通それを考えない多数の観光客が自分を冒険家と思う傾向を指摘する。それらはこうして、マルサンスグループの経営者であるブリュノ・ガロワのようなある旅行業者に「旅行というよりはむしろバカンスを、[---]そこからなじみ客が彼らに災厄を与える可能性のある地方と衝突することがないと確信するホテル・クラブにおけるますます人間味のない計画を組み立てる」[143] ように仕向けている。しかしながら、最悪のことは、来訪される側の人々の「無理解」[144] の現象に起因している（第1章参照）。実際に、われわれは「貧

---

143) Florence Evin, Tourisme à risques, *Le Monde* du 11 octobre 2006.
144) ドーヴィルのサロン Top Résa での Bernard Kouchner の発言（Florence Evin, *op.cit.*）。

乏という腐食土の上での観光タイプ」[145]について心配することがある。当然、そして衛生上の脅威に加えて、旅行業者が約1,000ドルの「通行税」の支払いを求めなかった観光客に対してイエメンで実行された誘拐まであらゆるテロへの形態がひどく恐れられている。ブリュノ・ガロワに同意することなく、しかしながらもし観光がリスクのある活動であるとしても不思議に思う必要はないだろうか？　ミシェル・ウエルベックのダブルバインド症候群を想起して、われわれはその他の観光客の広がる存在と同様、リスクは同じように観光に影響を及ぼすと付け加えることができるであろう。

　しかしながら、安全の最適条件においてさえ、南の国々へのあらゆる旅行は、明らかなリスクの部分を含んでいる。それは非常に多様であり、何年か前から、われわれはそこからあらゆる結果を判断している。われわれはこうして戦争やテロと関係が深いもの、同じように内戦から生じるものを思い出した。このような絶えず繰り返される不安定性に加えて、南アジアにおける2004年12月の津波、大損害を与える暴風雨、竜巻や海水汚染のような自然の大災害に関係がある一群のリスクがある。これらの大災害に直面すると、行政当局は出動する義務があるから、制御しないというよりも耐え忍ぶという反応が観光産業によってなんでもかんでももたらされるものではない。「治療するよりも予防する方がよい」という格言によると、リスクに関する意思疎通は、重要性が増している。大げさな表現にもかかわらず、重大な危機がマスメディアを興奮させている。広範なネットワークのおかげで、われわれはこのように実際の危機を未来のためのリスクに変える観光の緊張を増大させがちである。2004年の津波の犠牲者の絶えず繰り返される増加の表示は、たんにこの大災害に対して世界全体に関心を呼び覚ますのが目的であるのだろうか？　われわれは犠牲者を援助するために小額の寄付を払い込む西欧諸国のテレビ視聴者たちに罪悪感を与えようとしているのだろうか？　われわれは性的な悪徳を満足させるために地方のリゾートにしげしげと通おうとする裕福な観光客や利己主義者を捕まえたいと思うだろうか？　タイの博士は、少なくともわれわれがその国について言及し

---

145) Florence Evin, *op.cit*.

たことを学位論文のなかで指摘したが[146]、議論は両刃の剣である。いずれにせよ、たぶん良識によると、ジャーナリズムは多数の西欧諸国の観光客が行方不明になったことを過度に嘆くことを注意深く避けた。

　いずれにせよ、リスクが起こるとき、観光のあらゆる大災害についての情報は、われわれがその拡大から守ろうとすれば、観光産業にとって重要である。この状況において、われわれはティエリー・リバエール[147]によって定式化された「10の忠告」に敏感である。「潜在的な危機」の調査、「シミュレーション」の実施そして情報の良好な機能の仕方の確認に加えて、この著者はそれらの「同盟」を大切に取り扱うという地政学的秩序の用心を示している。彼はこのように「中立的な情報源」の探求を忠告して、マスメディアに関する偏向を強調している。しかしながら、ただ自然環境保護組織、科学的組織そしてすべての消費者組織のみが信用できるとして彼が提示する世論調査は、納得のゆくものからは程遠い。それに反して、われわれは「危機の核」、できる限り最も速く地位を占めるという優位そして「責任を取」らなければならないという明白な必要性の設定に満足することができる。しかし、われわれは「メディアとの関係」をさらに強くするにあたって本当にすっかり「ガラス張りにする」ことができるだろうか？「メディアは空虚感をひどく嫌う」という原則から出発して、「テーブルの上にメニュー」を置き、ジャーナリストを説得して情報を与えなければならないだろうか？　非常に良好な科学的な状態にある何人かの専門家は、実のところイデオロギー上の説明の方を好む。さらに、真実はどこにあるのだろうか？　地球温暖化は人類に帰すべきか、それはとりわけ太陽の周辺の地球の軌道の計画の修正と結びついているのだろうか？　われわれはパスツール研究所の医師たちがより多くの研究予算を獲得するために、1990年代末のマダガスカルのオート・テールでのマラリアの感染の際に20万人の犠牲者を予想したことを覚えている（実際には、それは約5万人だった）。リバエールの結論は、

---

146) Aree Tirasatayapitak, *Évaluation d'un développement de collaboration internationale du tourisme dans le Delta du Mékong* (Sud-Est asiatique), 2005年の格調の高い観光学の未刊の学位論文。
147) Thierry Libaert, Crise et tourisme: dix recommandations pour maîtriser sa communication, Paris, *Risques et sécurité dans le tourisme et les loisirs*, Les Cahiers Espaces n° 73, juin 2002.

良い意見でいっぱいである。すなわち、もしわれわれが危機を管理しようとすれば、「状況に専念」しなければならない。

　そのことと関連して生じるものとして、われわれは2006年8月におけるロンドンの空港のテロリストの危険を指摘することができる。アメリカの都市の近くでの5機の航空機の飛行は、テロに関わっていた。そのため、彼らは普通の容器に隠した危険な化学製品を使用した。ただちに、イギリスのイスラム教徒は逮捕され、作戦行動のリーダーがアルカイダのものと考えられる聖域から遠くないパキスタン側で捕えられた。唯一の証拠として、われわれは殺戮を免れた犯人が監視下にあり、イギリスとアメリカの秘密業務の仕事を自慢している。しかし、テレビで放映された短い広告が至る所で伝播している空港の乱雑さを背景とする疑いが生じている。すなわち、乗客の果てしない列、整然とした検査、徹底的な安全対策である。たとえば、われわれはイスラエルがレバノン領のヒズボラに対してその攻撃の追求を必要としたとき、テロの最悪の事態を激化させるとは思わないだろうか？　確かなのは、この場合航空に関わる観光は世界の地政学に関与している。それは最初のことではなく、確かに最近のことではないであろう。

　われわれは観光地に打撃を与えるテロに対して真剣に戦うことができるだろうか？　エリック・ドゥネセとサビーヌ・メイエール[148]は、この問題に多くのページを割いている。彼らにとってもコミュニケーションは大変重要であり、ロンドンの空港のエピソードは同じようにそれを立証している。「国境でのコントロールの強化」と「公的な場所の監視」のほかに、旅行者に安心感を与えるべきである。われわれは同じように「1991年と1999年の間に70％増加」した誘拐と身代金[149]の大きさを思い出すことができる。観光客は、とりわけラテンアメリカ、旧ソ連の国々、フィリピン、インドおよびナイジェリアや南アフリカのようなアフリカ諸国、すでに言及したイエメンにおいては、カモである。しかしながら、誘拐はテロリストのテロほどは心配させられるものではなく、人目を引くものではない。この見通しにおいて、「警戒の組織」を配置する国

148）Éric Denécé et Sabinet Meyer, *op.cit.*
149）それは身代金の要求を伴う誘拐に関わることである。

や外務省の秘密業務に加えて、われわれは「安全ネットワークと観光の保護」を創出した世界観光機関のイニシアティブを過小評価することはできない。国際的組織は専門家、保険会社、国家によって提供された情報を拠り所としており、1991年以降すなわち2000年初めのテロの拡大のずっと前から相当数の対策を進めている。とりわけ、専門家の人材育成、観光客が負傷したときの本国送還または外交業務の要請という問題が重要である。

航空輸送においてとられる安全対策

　2001年9月におけるニューヨークのテロの後、たとえ毎週3度の航空機の墜落が定期便の航空機に関わりなく、とりわけ人的不注意に由来するとしても、最も関係があるように思われるのは航空輸送である。この安全強化は、諸々の対策の実施やとりわけ航空運賃の高騰になって現れる―以上のことから、貧しい国のエイズと闘うためフライトにおいてジャック・シラクによって提案された新税に対するドイツのためらい[150]。専門職員、乗客と荷物のコントロール、遅延便やキャンセルと関連する不慮の出来事、飛行機の安全対策（コックピットの施錠、治安係員の存在など）、アメリカ人に強く勧めているような大型飛行機への不慮の事態に備える対ミサイルシステムの設置は、この輸送手段をますます不利にする代償である。「前述のヨーロッパ15カ国における安全に対する総支出額は、2002年には25〜36億ユーロになった。この総額において、空港では13億2,000万ユーロ、輸送事業者では5億2,000万〜16億6,000万ユーロであるのに対して、国の負担は6億5,000万ユーロにすぎなかった」[151]。航空輸送事業者と空港は不安であるだけでなく、飛行機に乗り、かつてほどは旅行しなくなっていることを知っている観光客は、彼らの行動を変える可能性があるかもしれない。

---

[150] Bruno Trevidic によれば（*Les Échos* des 18 et 19 août 2006）、「ヨーロッパでは安全対策に乗客1人当たり平均して2.23ユーロそしてアメリカでは4.42ユーロの費用を支出しているのに対して、フランスは9ユーロで、最も多くの費用を支出している国である」。

[151] Bruno Trevidic（*op.cit.*）、実際は、国際航空運送協会（IATA）（265社と世界の輸送量の94％）のボスである Giovanni Bisignani によると、2001年のテロ後、各社は航空の安全に毎年560万ドルの費用をかけている。

当然、旅行産業の専門職員は、観光客が変わるのを別とすれば、そしてとりわけもしパッケージツアーの代わりに単発の航空便を選択するとすれば、本来のリーダー、その旅行の彼らの責任に照らして置かれる。しかしながら、ある派手な訴訟は不幸な観光客が勝訴できたということを示したとはいえ、旅行業者にあらゆるテロの責めは滅多に負わせられない。いろいろな結果が旅行産業の企業の観点から現れる。まず、彼らの代理人は観光客に課せられた危険の情報を伝え、安全規範を思い出させる。フランスのCETO[152)(21)]は、すでに指摘した警戒の末端組織の行動を補っており、一般的な仕方で専門職員は安全要素が最も重要となる新たな営利的なアプローチを実施している。彼らは調査の後、国際観光客の意向に応えている。しかし、ホテル業者は遅れをとっていないし、彼らの人材を育成している。したがって、「ゼロ」の危険が存在しないとしても、公的および民間のすべてのオペレーターは、人々が世界中でそしてとりわけ最も微妙な目的地への旅行を再び問題にしようとはしないから、活発に反応する。しかしながら、多くの人々はあるうんざりすることをひどく恐れる。

　持続可能な観光は、一体テロにもかかわらず可能なのだろうか？　もし観光の主催者と国家が世界における至る所の観光流動を維持したいと思うとすれば、顧客は異なる意見を持つことができるであろう。テロによって深刻な衝撃を与えられた最初の場所は、こうしてバリのように入り込みが下り坂になるのを見た。しかしながら、考え方は2005年7月におけるロンドンのテロの直後に変化している。すなわち、もしイギリスが衝撃を与えられているとすれば、人々はテロから逃れることはできないとわれわれは考える。このように、少し後でエジプトに再び打撃を加えたテロリストの行為は、「ただ」予約の大部分のキャンセルをもたらしている。したがって、われわれは「旅行者が2001年以降、宿命論の色合いを帯びた驚くべき分別を示している」[153)]と考えるのはもっともである。われわれはジャック・マイヨーによって定式化された忠告のタイプに好

---

152) 全国旅行代理店協会（SNAV）のメンバーであるフランスのツアーオペレーターのプロの再編成。
153) Éric Denécé et Sabine Meyer, *op.cit.*
(21) ツアーオペレーター協会（CETO）会員によって2013年3月にツアーオペレーター企業連合（SETO）が創設されている。

意的に応えることですべてのことに慣れる。すなわち、「テロに対して戦うためには、エジプトとロンドンに行き続ける必要がある。そうしなければ、勝つのはテロである」[154]。もっと仔細に検討すると、不安はそらされる。まず、もしわれわれがトルコの例を取り上げるとすれば、鳥インフルエンザ、欠陥のある航空会社そしてクルド人のテロを中心にして繰り返された惨事は、観光入り込みの急増にブレーキをかけることがありそうである。さらに、変わるのは習慣や観光行動である。時々、空港における安全の行き過ぎた対策を非難する観光客は、最近のチャーター機の墜落がとりわけよく点検されていない飛行機や過労に陥っている乗務員に関連しているから、飛行機のメンテナンスに関してもっと用心深いのである。エレガンスグループのように、航空会社に支払わなかったから、トルコにおける観光客を見捨てる旅行代理店をどのように考えるだろうか？ 2006年8月に、ジャック・マイヨーは航空会社のブラックリストにならってツアーオペレーターのそれの作成を提案している[155]。観光客はあたかもテロリストの威嚇が代償を必要としているかのように、ホテル側の質に多くのクレームをつけることさえする。すなわち、もしホテル業者のサービスが不十分であるとすれば、安全対策も存在の危険がある。それにもかかわらず、遠隔のマスツーリズムは再検討されないであろう[156]。

南アジアの津波に関して

　津波の起源は、たやすく説明することができる。巨大なプレートが地殻と海洋地殻から成る岩石圏を支えている一方で、対流の流れがそれらをゆっくりと動かしている。プレートがぶつかり、地震を引き起こしているが、とりわけ土地の隆起を起こしている。結局、これらの地殻構造の運動はきわめて緩慢で、1年に数cmのレベルである。隆起の形成は、このようにあらゆる浸食の破壊に比べればたいして急ではない。

---

154) Jean-Michel Hoerner, *Mémoires d'un nouveau touriste, op.cit.*
155) ヨーロッパとは逆に、フランスは信頼に値する航空会社に対してホライズンラベル〔品質保証章〕（旧ブルーラベル）を提示している。
156) Jean-Michel Hoerner, L'éclairage d'une crise annoncée, *Revue Espaces, Tourisme & Loisirs* n° 186, octobre 2001.

2004年12月26日の津波

　インド洋に打撃を与えた地震は、1年のうち約8,500万回発生している過程の結果である。地域では、ヒマラヤ山脈、無数の火山があり、激しい津波を引き起こす可能性のある多くの地震が起こっている。震央はスマトラ沖に位置しており、そこではインド・オーストラリア海洋プレートが徐々にビルマ大陸ミクロプレートの下に滑り込んでいる。「滑り込み」と言われる現象は、締め付けられて突然折れたバネと同様、急に相当なエネルギーを解放して1世紀に10m以上の動きを引き起こす。地震規模に達するマグニチュードの最大の段階は、専門家によると、広島に投下された原爆と同じもので3万発の原爆の爆発に匹敵することを示している[157]。この地震はその後、津波を発生させており、もっとゆっくりとした波で、海岸のすぐ近くで10mから20mの高さの波を形成する前に、巨大な波の形で沖へ時速600km以上で伝わる。しかしながら、波が海岸に到達するとき、波は途中ですべてのものをもぎ取る。

　当然、もし住民たちは波が砕け散るたった数分前にでも通報されていたとすれば、悲劇は限定的であったであろうし、たぶん23万人の死者ほども多くなかったと思われる。ところで、ハワイ島の観測所と情報ネットワークの恩恵に浴している太平洋に反して、インド洋は沿岸地帯の国々がそれほど裕福ではなく、同じようなシステムがない。なるほど地質学者は地震を記録し、その伝播の数時間前にこの津波を予告している。地域のいくつかの政府は、同じように警告するであろう。しかし、夜明けの日曜日〔12月26日〕に、われわれは分別をわきまえて人々を不安がらせることができるだろうか？　たとえば、プーケットやカオラック（タイ）の海岸にいる海水浴客が数百ｍの潮が引くのを見ているとき、警告することになっていなかったのだろうか？

　観光に関して、総決算をすべきである。西欧諸国の多数の観光客が非業の死を遂げた。そのなかにはきわめて多数のスウェーデン人と多くのドイツ人がいた。あらゆる富める国々が関係しており、行方不明者の大部分が大旅行産業に

---

157) Christiane Galus, *Le Monde* du 30 décembre 2004.

よって援助されていないとはいえ、旅行業者はもちろん非常に悲しんでいる。そのうえ、われわれは何百人もの裕福な観光客を泊めているカオラックのアコーグループのソフィテルは、ほとんど完全に破壊されたということを知っている。最後に、観光は2005年の初めからすぐにその地域で再開している。つまり、ビジネスは、ビジネスである。約100億ドルと推定される前例のない人道的援助（しかし、途方もないこの総額の半分以上は、災害後に配分されなかった）は、大災害に因る経済的損失の1.5倍と保険をかけられた損害の費用の2倍に相当する。死亡した何万人もの貧しい人々は、世界の金融の海のなかの一滴にすぎないであろう。　この冷笑的な態度は言及されるに違いないし、アメリカのサイクロンによって引き起こされた損害の際の保険の支払いを思い出すことで十分である。すなわち、1992年8月23日のアンドリューという暴風は、保険業者に215億ドル以上を支払わせ、2005年8月29日のカトリーナは400億ドル、米議会によって凍結を解除された別の1,100億ドル以上を支払わせた。南アジアの住民の窮乏生活とインフラストラクチャーの脆さを強調しなければならないだろうか？　損害はとりわけ観光施設、そしてとくにホテル業者に関係がある。われわれは同様にモルディブ諸島を除いて、その地域の1年に3,000～3,500万人の国際観光客は、ただ活気のあるGDPの2％から10％以下に相当するだけであるが、関係がある国々の大部分は開発の主要な切り札の1つとして観光産業を考えていると指摘する。

　この場合には、論争は関心がないであろう。しかしながら、この出来事はわれわれが「持続可能で公正な観光」と呼んでいる了解済みのことの限界を示している。その最近の覚え書きの1つにおいて（前掲書）、世界観光機関はきわめて明白である。すなわち、「大災害後、最初の情報が伝えられ、危機の影響を和らげるための対策がとられるとき［---］、われわれはその恵まれたイメージを地域で回復させ、観光客に戻って来てもらうためプロモーションのキャンペーン活動を開始することができるであろう」。大混乱に陥って、われわれは観光シーズンが数週間後に再び始まるとは繰り返して言わないだろうか？　実際は、冷酷なテレビは被害を免れたリゾートで御馳走を食べる観光客のイメージを示している。暮らしは続き、とにかく雇用を救済しなければならない！タイの内務大臣ボーキン・ポラクールが強く勧めているように、「観光客の信

頼を得」なければならない。もう少しの公正さが望ましかろう。われわれが尊重し、奨励しなければならない地方の文化は、すでに住民の日常生活に根拠を置いている。全員が破産し、生き残った金持ちでない人の富が奪われ、それらは観光活動の避けられない復活と結合するに値するであろう。われわれは同様に次のシナリオをイメージすることができるであろう。すなわち、その投資に組み込まれてすべてのホテルが再建され、地方や漁業活動の復権、そして地方の住宅の再建があり、そこには学校や保健施設の設立が含まれる。持続可能で公正な観光の名において国連は、この単なる倫理的な勧告を強いることはできないであろうか？

　キャッシュカード大手の会社ビザによって実施されたアンケートを拠り所とする2005年5月の「夕刊カンボジア」誌によると、「津波の打撃を被ったアジアの観光は、憂慮すべきやり方でぶり返す前にまず急回復しつつあるように思われた」。インドはバリ島のような被害は免れたが、その全体においてインドネシア、モルディブやタイの海水浴場は、入り込みの新たな減少という被害を被っている。「日常生活に注意するぶり返しは、部分的には新たな自然災害の恐れによって説明がつく」。われわれは、スマトラでの2006年3月と7月の余震のことを知っている。「津波が到達した国々の観光は、流動的であり、脆弱である」。これに関して、オウム返しに、先に言及した伝達が必要な場合に、われわれは航空会社のタイ国際航空の広告を指摘しなければならない。すなわち、「その傷口は手当てされ、海岸はきれいにされ、ホテルは再建され、タイは来客を待っている」。クエ法[22]の原則は、「人々の心遣い」、寺院の「沈黙の陰に隠されている信じられない平和や言語に絶する穏やかさ」といった遺産の価値を増大させる文化的考察（われわれはタイ語の用語を増やす）に付加されている。自然は厄介なものであるが、守護神が再び現れるような気がする。

---

[22] エミール・クエ（Emile Coué, 1857-1926）。フランスの薬剤師、心理学者。自己暗示療法（クエ療法）を開発した。

第6段階の意図

　持続可能な観光は、環境の保護とその倫理が要求する対策を意味してはいない。観光産業の「持続可能な」機能は、もっと複雑である。景観を保護し、訪問される住民の尊厳と経済を守らなければならないが、同じようにとりわけ新興国において観光開発の利益をもっと熟慮しなければならない。だから最初に、訪問される住民たちが最大の利潤を引き出すことを期待してこの経済活動を専門家と密接な関係において取り組むそのときに「持続可能な観光の文化」を推進しなければならない。それはまだ事実ではない。

　そのうえ、飛行機に乗り、ホテルや南のリゾートに滞在する何億人もの観光客は、全体的な安全を切望している。ある人々は要求しているとはいえ、それは冒険に取り付かれた旅行者ではなく、静かに本題に戻ることができるという条件で彼らの生活において余談を始める観光客である。つまり、自然ととりわけテロリストの全体の危機管理は、たいそう気がかりなことである。なるほど、慣れによるよりも勇気が少なく、彼らはますます宿命論者であるが、十分な対策が欠如していることは、ますます数多くの地域において観光産業が拡大を続けるのはありそうなことである。

　2004年12月の津波のエピソードとその管理は、国際観光の短所のすべてを示している。地方の住民が彼らの近親者のなかで何万人もの人々を亡くした時に、われわれはあまりにも無遠慮に観光の代表を続ける一種のショーにおいて再び見出されるような気がする。なるほど、たぶん雇用を守り、観光の天の賜物の利益を得なければならないが、われわれはこの活動と観光客一般の冷笑的な態度を後悔するであろう。このように、彼らの再建計画において最も恵まれない人々を統合することなく、観光産業は同一のものに再編し、観光客は彼らの楽しみを満足させるその他の目的がなく、その場所に再びよく行く。「文明の衝突」という最悪の事態は、おそらく舞台装置の要素にすぎない来訪された住民に対して無頓着な来訪者が無関心のままでいることである。

第6章

観光地の戦略的役割

　ミシェル・シャドフォー[158]があらゆる場所が観光的になることができると言っているとすれば、それはたぶん観光産業がどこであろうと観光客に消費させることができるからである。交通路の四つ辻に位置し、すべての魅力を奪っている多くのホテルは、ツアーを実行する何十人もの観光客を毎日受け入れている。すなわち、ブラジルのスラム街（ファベーラ）の人間の貧しさは、アメリカ人によって上機嫌で非常に高く評価されている。また、昔の工場に関しては、彼らの記憶を再発見する物見高い人が魅力を見つけている。ところで、多くの出版の際に、われわれは排他的にではなく観光地と結びついた観光地域の概念にいつも固執した。それは言葉の感覚によるものであるから分かりきったことではなく、景観は同じく場所の地形と活動の位置を決定する正確な場所である。もしその地域が遺産の重要な要素を代表しているから保護されるとすれば、その地域は訪問されるかもしれないが、観光産業の侵してはならない基盤の1つであるいかなる宿泊も可能にしないかもしれない。もしその地域が改善の至上命令にもかかわらず開かれているとすれば、並外れた投資の中心となる可能性がある。その地域が「自然的および／または文化的な大きな付加価値のある場所」であると認める世界観光機関は、特別な関心を示す観光目的地」[159]と同列に置き、「それらの滞在地は、その雰囲気や非常に異なる目的において観光客にさまざまな活動や施設を勧める完全に多かれ少なかれ自立した観光目的地である」[160]と急いで付け加える。〔話は〕振り出しに戻る。それでも、観光地はまちであり、またはそのようなものとして機能する。アフリカのサフ

---

158) Michel Chadefaud, *Aux origines du tourisme dans les pays de l'Adour*, Université de Pau, 1988.
159) OMT, *La gestion de la saturation touristique des sites naturels et culturels* (*Manuel*), Madrid, 2004.
160) OMT, *Développement durable du tourisme*, Madrid, 1999.

ァリから隔絶された中心のように，農村的環境といくつかのその他のケースにおいて広められた観光だけは，中心なしで済ませている。われわれはしたがって，観光はすでに都市的活動であり，観光産業は都市計画の制約をないがしろにすることはできないし，しばしばその他の経済活動を構成する社会的組織以外には発展しないということを認めなければならない。4人の観光客のうち3人は，観光地に滞在していないのか？〔われわれは〕このパラダイムを認めなければならない。

観光地域から観光地へ

われわれは1989年におけるフランスの観光大臣の「重要な地域」の言及が入り込みの主要な役割を強調していることを思い出すためでないとすれば，その地域より前に定義しないであろう。したがって，もし「その場所が訪問者の側の感動，ショック，熟視そして夢があるときに重要な地域になる」[161]とすれば，何一つ変わらない。良好な海岸は，たとえその魅力を失ったとしても，とりわけ何百人もの人々によって埋め尽くされる場所である。海岸はそれで「十分なベッド数を集中させ，比較的多様化した一まとまりのサービスを提供する」[162]滞在地を統合する。ジャン＝ミシェル・ドゥエリーは，「観光地」のこの2つの要素から成る選択を批判するが，ラスベガスの「初めのごく小さなオアシス」は，「観光の中心には決してならない傾向がある」[163]と主張するとき，彼は反対にシャドフォーによって示された主張を確認する。

リゾートは，観光活動（生産／消費）を実現する都市である。フランスでは，大半が都市である2,200の「観光コミューン」が200万人の雇用を創出し，GDPの7％（外国に起源のある323億ユーロの収入）に相当する。ほぼすべての事例において，それはとりわけ民間の生産者と消費者と結びついている公有地である。観光地は，したがってその「魅力」の度合いや潜在性によって，中心や

---

161) Anne Vourc'h, Synthèse des travaux sur la valorization des grands sites, Paris, *Tourisme et environnement*, La Documentation Française, 1992.
162) Francesco Frangialli, *La France dans le tourisme mondial*, Paris, Economica, 1991.
163) Jean-Michel Dewailly, *op.cit.*

市場である。ある者はそれらを同時に外的な（マスメディアの宣伝）および内的な（本物の「ゴンドラ」の仕方で）プロモーションを与えられた企業またはより緻密な方法で、一種の大型スーパーマーケット[164]と比較する。それはすべてのリゾートの公共サービスの二重性ともちろん、民間企業の重要性を考慮すると、ナンセンスではない（コラム参照）。それでホテル業者の大きな総合施設との混同を強く主張し、そこから観光地を示すためフランスの観光大臣によってリゾートという用語を拒絶する公的でないリゾートすら存在するであろう。ムルシアでは、リゾートは住宅、商店、多様なサービスおよび時にはゴルフ場を再編成する内陸部での分譲地と同様ではないであろう。われわれはそこでは外出する必要がなく、滞在することができる。

　南の観光地は、より大きな複雑さを示している。民主主義の欠如を理由として、より中央集権化し、しばしば国家と結びついた権力は、それほど多くの意見の対立に苦しむことはない。外国人観光客としばしば極めて貧しい住民との間の対照は、ベルナール・クシュナー[165]によって指摘された「無理解」によって表現される。一方では、観光客の閉じられた世界があり、他方では無関心、拒否反応または抵抗の潜在的な形態の間で揺れ動く世論の動きがある。幸いにも、粗暴な行為は減多になく、限定的である。しかしながら、自然環境の問題が二次的なものにとどまるときに、われわれはより良い収入を気遣っている当局、地方の中産階級と結合した外国の大きな観光産業と異国情緒によって魅惑される観光客および何事にも無関心な観光客との間で示し合わせているような気がする。そのことは何度も強調された植民地主義の一般的な考え方を強固にしている。

観光地のシステム

「システムとしての」[166]観光地は、観光の地政学の興味深い見方を提供している（図

---

164) Yves Cornu, Pour une autre approche du marketing des destinations touristiques, Paris, *Les Cahiers Espaces n° 47*, juin 1996.
165) Bernard Kouchner〔注144〕参照〕。
166) D. Clary, *Le tourisme dans l'espaces français*, Paris, Masson, 1993.

11)。空間E1は市の当事者、すなわち市役所、観光局、観光施設、商店、次に地方の住民のただ中にあるお決まりのエコロジスト協会を再編成している。自然環境を表している空間E2は、市当局によって整備され、エコロジストによって守られる。空間E1は、観光客を集める。市役所は外部の空間E4に位置する国家と地方自治体と折り合いをつけている。地方の政策の支援を求め、彼らの顧客の世話をする専門家は、E4に位置づけられている観光産業の外部の仲介業者とつながっている。環境保護協会（ADE）は、自然環境（E2）を守り、市当局に立ち向かい、観光客（E3）を警戒し、外部（E4）に政治的支援を求める。ところで、E1とE4のレベルが積極的である一方、自然環境（E2）と観光客（E3）に固有のレベルは消極的であるが、当てにされた財政上の収入と彼らの登場の重要性を理由にして、地政学的な構成を条件づけているのはこれらの訪問者である。たとえば、季節の最中には、在留外国人を5人から10人に増大させなければならないし、水の利用、廃棄物の管理、郵便物の配達、交通などと結びついた制約のほかに、同時に専門家と都市の仲介業者を意味しているのは観光消費のときでもある。ところで、彼らの経済的役割にもかかわらず、そして別荘を所有する者を除いて、これらの観光客は地方の政策に決して影響力を及ぼすことなく、そのような整備、物価の高騰や風紀を乱す文化的な賑わいに不満であるかもしれない。厳密に政策的な計画において、そしてそれらの事例の大部分において、われわれは一般に専門家と一体化した右翼と左翼と組んでいるエコロジストの間での対立を知っている。右寄りの政策はいつも保守的であるとは限らないし、現実的なバイタリティーを誇示するかもしれないが、会社の経営者の考え方を押し付けている。すなわち、用心深さ、競争の心配、開発の心配の種、一般に家族的な企業に基づいた社会的階層性である。いつも確信に満ちているとは限らない対立は、それに反して、構成されるための環境計画を指示することを余儀なくされている。

　それに、観光地のモダニズムは初めから明らかにされているように、変わらないままである。19世紀半ば以降の英仏海峡のリゾートにおいて、われわれはこうしてその時代の都市再開発にならって分譲地にまちを建設した。まちは時代遅れと判断された田園のアンチテーゼとして考えられないか？　裕福な人々によって養われている芸術市場に従った芸術的誇張とは異なる別荘は、決して技術的進歩を犠牲にしていない。カジノが教会のかたわらの古くからある城に

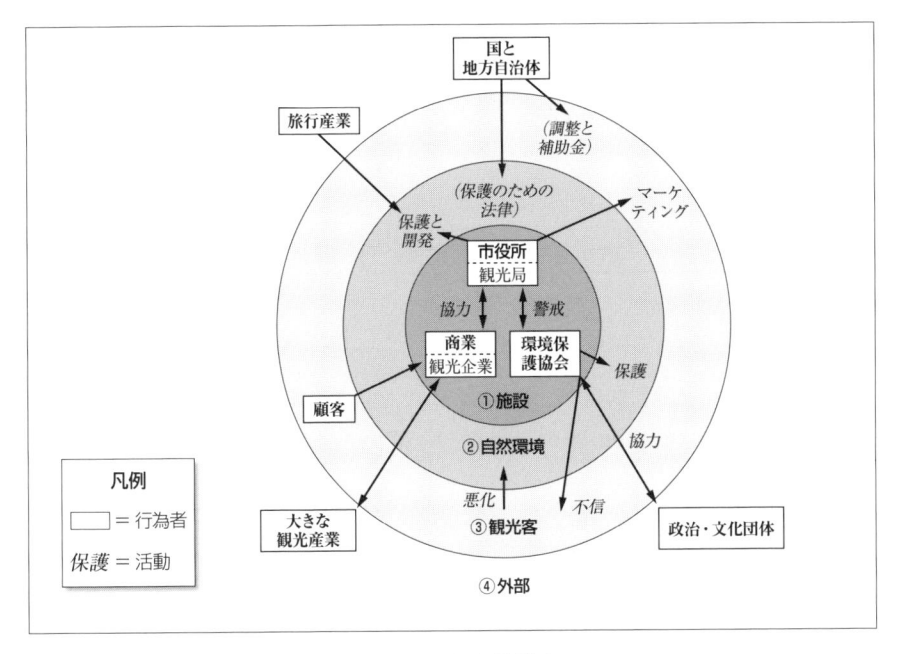

図11　観光地の地政学的システム

代わるとはいえ、もし歴史的なリゾートが立派なホテルを所有するためにしばらく待つとすれば、ホテル経営の整備と発展の対称は顕著である。この点において、アンドレ・ベルコフ[167]の意見によると、ホテルは「しばしばまちの中心に位置し、同時に憂さ晴らしや想像の世界を反映している」ということは、大変もっともなことである。ホテルはまちの一員であり、おそらく相容れない理由で都市の活力を生じている。それは進歩のイメージを反映しているが、観光はバカンス客を収容する分譲地によって供給されるものと同様に回避、隔離であるから、憂さ晴らしになる。最後に、たとえ用語が「持続可能な」、「想像の世界」つまり夢は、その産業が常に保護することに執着する活動を絶えず豊かにする観光にとって傷つけるとしても、われわれは繰り返さなければならない。ところで、リゾートの半数以上は、ホテルの宿泊に大きな重要性を与えている。ホテルの客は一般に最大の観光支出をする人々である限りにおいて、わ

---

[167] André Bercoff, *La mémoire des palaces*, Paris, Fayard, 1991.

れわれはリゾートの発展はホテルに依存すると長い間考えてきた。その他の地理学者[168]と同じように、われわれはホテルや準ホテル[23]のベッド数に基づくリゾートの普通の分類に逆らうことはしなかった。

ホテル観光機能指数（IFTH）

滞在場所である観光地は、宿泊から切り離すことはできない。その他の地理学者[169]と同じように、私は観光地の普通の分類に逆らわないで、まさにホテルと類似のものへの大きな重要性をひとまとめにした。確かに、ピエール・ドゥフェール[170]の観光機能率からアイデアを借りて観光地の規模と活力をとても測定したくなる。われわれは、次の仕方で定義されるホテル観光機能指数を構想した[171]。すなわち、ホテルと準ホテルのベッドまたはベッド・スペース数掛ける100は、そのうえ住民数と結びついた4つの変動幅によって加重された在留外国人人口と関連づけた。オルランドやルルドのようないくつかの観光地は、こうして200％のIFTHであるが、毎年何千万人もの来訪者を考慮することができる加重法の後では、パリは10％の代わりに40％のIFTHになる。この方法はいくつかの観光地の重要性を評価することができる。それはキャンプ場の過剰と同様に不十分なホテル経営がとても社会階級間の顧客に苦しんでいるアルジュレ・シュル・メール（ピレネーゾリアンタール県）にレジャーの不動産に恵まれているマリーナを整備するように仕向けたわけを説明している。

---

168) われわれはとりわけJean-Pierre Lozato-Giotartの2冊の著書、*Géographie du tourisme*, Paris, Masson géographie, 1993と*Géographie du tourisme : de l'espace consommé a l'espace maîtrisé*, Pearson/Education, 2003を挙げなければならない。
169) *Ibid.*
170) Pierre Defert, Le taux de fonction touristique: mise au point et critique, Aix-en-Provence, *Cahiers du tourisme*, 1967.
171) Jean-Michel Hoerner, *Géographie de l'industrie touristique, op.cit.*
(23) リゾート地、スキー場などで、ホテルと同様のサービスが受けられるアパート、マンション（R.1746ページ）。

観光地の誕生と選択

　それはとりわけ1950年以降に開設された海水浴場である。富める国と新興国の浜辺の大部分を含む無視することのできないこのカテゴリーは、ホテルの収容能力をたいそう当てにしていた。その他のものは、しばしば100年以上存在している。最初のものは、バース（イギリス）、ヴィシー、リュション（フランス）やバーデン・バーデン（ドイツ）のような陸上のものにせよ、ブライトン（イギリス）、オーステンデ（ベルギー）、カブールとドーヴィル（フランス）のような海辺のものにせよ、温泉である。19世紀には、ザルツブルク（オーストリア）、ローマ（イタリア）やケルン（ドイツ）のような文化的観光地が際立っている。20世紀の初めからは、サンモリッツとダヴォス（スイス）またはシャモニー（フランス）のような冬の山岳リゾートが築き上げられている。季節外れに機能する保養地であるニース、ビアリッツ（フランス）、アカプルコ（メキシコ）やサンレモ（イタリア）も挙げなければならない。われわれはノルマンディ地方のリゾートは、19世紀のパリのサロンにおいて海に関する絵画の展覧会の結果として生じたこと、全体として、それは鉄道のスピードでつくられていること、そしてたぶん英語のstationという用語との混同を許すことを思い出すであろう。いくつかの例外を除いて、マラケシュのような南のいくつかの稀少なリゾートが誕生するのを見るためには現在の時代を待たなければならない。

観光地の世代

　最も多い海水浴場は、1950年代のマスツーリズムの発展の前によく見られるが、そこからそれはただ地中海の富める国々においてだけではなく、雨後の筍のように増加した。時には、それはラングドック・ルシヨンにおけるラシーヌのミッション（下記参照）と結びついたものや旧東欧諸国（ルーマニア、ブルガリア、黒海---）を再建するような計画的な整備という結果を生じる。最後に、もっと最近になって、われわれはポルトガルのマリーナや熱帯の国々において、時には観光客を保護する本当の居住区と統合したリゾート

である「黄金の島」を見つける。

　ウインタースポーツのリゾートの分類は、もっとはっきりとしている。雪野原の谷側に第一世代（イタリアのコルティナ・ダンペッツォ）、高所でホテルを持っている1930年代における第二世代（ムジェーヴからモン・ダルボワ）そして第三世代のリゾート、ラ・プラーニュやイゾラ（Isola）2000[24]のような1960年代と1970年代の標高の高い山に組み込まれたリゾートがある。しばしばその単一の活動や多様な不動産投機を理由とした危機において後者は、副次的なものである。最後に、伝統的な山地の経済によって示されるチロル地方の古いモデルから着想を得ており、「原点回帰」にすぎない第四世代の「村のリゾート」がある。普及しているそれらの例は、夏の多数の宿泊（2/3の割合）によって示されており、そのことはそれらが時には非常に小さいから、甚だしく借金させて二重の投資を余儀なくさせている。

　ピレネーやアルプスの大きなまちは同じように機能するから、観光地は量的な面にのみ基づくまちとは限らないと言われている。われわれは≪station≫という用語は、鉄道の駅という英語の翻訳に由来する可能性があるということを見たが、語源[172]と歴史の役割は、観光産業の活発な核心を構成していることをより良く説明している。したがって、それは「われわれが留まる場所」（estacion、12世紀）である。ところで、この意味では、それは巡礼の留まる場所であるが、イギリスの通知によると、同じように鉄道の駅である。「ある労働をする場所」という定義は、あまり関心を示さない。逆に、古代に起源を持つ「温泉」は、「海水浴場、保養地、ウインタースポーツのリゾート、高地のリゾート」における語尾変化とともに、「流行しているリゾート」に見られる「観光地」を完璧に説明している。最後に、人間に適応させるのに十分な動物行動学の含意にもかかわらず、「動物の棲息している場所」という意味は、われわれが明らかにしようとしているものとたいそう似ている。実際、観光地は非常に多数の観光客を一箇所に集めており、そのことはより質的な活力を説明する

---

172) Dictionnaire *Le Petit Robert.*
(24) フランス南東部のアルプ・マリティーム県にあるウインタースポーツのリゾート地。

この量的な面である。リゾートは1年に何十万人もの観光客を集め、重要な購買力を持つことができ、そこから示された物価はしばしば激しいインフレーションを被るから、総売上高は1年に1億ユーロに達し、それを超える可能性さえある。ホテル本来の宿泊には、家具付きアパルトマン、キャンプ場および別荘が付け加わる。

リゾートの4類型

　先に示したことに基づいて、観光地の4類型がある。決して年代順ではないが、最も良く代表していることと数によると、第1のものは大部屋宿泊施設のリゾートである。それはレジャーのマスツーリズム（ホテルや準ホテルのようなビジネスの宿泊、そしてもちろん家具付きアパルトマンの重要性）、そしてとりわけ海水浴場とウインタースポーツと結びついている。それは最も季節的であり、最も無感動である。観光客の度の過ぎた密度とともに、それは持続可能な観光との関係が険悪になって、単一の活動になる傾向がある。いくつかの例外を除いて、それは小さなまちや極めて平均的なまちである。一般に、シーズンにはそれは居住人口の10倍以上を示すことがある観光客数を受け入れている。十分に大きな支出は、そのことが受け入れに関してもたらすあらゆる制約とともに、観光客数に依存している。

　第2のものは、大きなまちで発展している都市リゾートであり、観光が基本的な活動でない限りにおいて、それは明らかに他のものとは際立っている。それらの特徴は、その構造によって説明される。重要なまちは、同時に多数の都市住民（課税対象世帯と消費者）と非常に数多くの経済活動と行政活動のおかげで、裕福である。文化活動、会議、ビジネス、遊び、巡礼の体験などと結びついた観光産業は、いつも補完的なように思われる。この意味では、持続可能な観光は全く一般的な都市計画に特有な整備に含まれ、季節性はそれほど著しくはなく、ビジネスの宿泊の部分は、もしレストラン業、美術館、賑わいよりも小さくないとすれば、少なくともどうでもよいのである。

　これらの2つのタイプに対して、貴族的なリゾートがある。その用語は議論の余地があるが、それでも正当化されている。19世紀にその入り込みが極めてエリート主義的であったとき、それはこれらのリゾートの歴史に帰すべきである。平均的なまちを検討すると、忍耐強くその名声を築いているのは小さなまちである。しかしながら、極めて最近では同

じようなイメージを示そうと努めているように思われる。一般にかなり裕福な顧客と結びつくと、それは別荘（頻繁に往来するときには二重住居を含む）を優遇し、最良のホテルを供給する。あらゆる情報ツールに恵まれている強力な観光局のおかげで、みごとによく組織されて、それは受け入れの世話をし、豪華なレストラン業、カジノ、フェスティバル、文化活動および有名なスポーツ活動などの賑わいの活動を増大させている。

　最後に、観光地域は、孤立したマリーナやサファリのセンター（ケニア、タンザニア）のような「観光カウンター」やホテル－クラブ（セントラルパーク）、バカンス村や遊園地（下記参照）である。観光の単一活動のこれらの人工的なリゾートの徐々に大きくなる成功は、贅沢な楽しみの追求と最大限の安全性を相伴っている。リゾートを自由に使わないで、場所が自治体間にまたがることを称賛するグリーンツーリズムは、観光地域の正反対に位置している。

リゾートの発展要因

　何よりもまず、顧客は特定するのが容易ではない。1995年には、INSEE[173]〔国立統計経済研究所〕の調査は、余暇とバカンスのためのフランス人の支出の優先課題を示している。2006年にわれわれは逆に世帯の予算の1/4は、不動産に費やされていることを指摘している。「不動産バブル」がこの変化を説明している限りでは、別荘にホテル滞在を対置しなければならないか？　いずれにせよ、「貴族的なリゾート」のために大部屋宿泊施設のリゾートを不利にするバランス効果がある。中産階級は安い遠方の目的地への脱出を除いて、マスツーリズムよりも少なくそれを分配した方がよく、それ以上に不動産に投資するであろう。この指摘は、ホテル経営の専門家の意見と一致する。それによると、「フランス人の11％だけが市場の観光生産物を消費」し、「市場のターゲットとなる中心は、人口の2.5％に」[174] なった。

---

173) Étude de l'INSEE (Les Français en l'an 2000)：F. Hemici et M. Tiard, Service, l'envolée post-industrielle, Paris, *Les Cahiers Espaces* n° 94, oct-nov. 1988.
174) 雑誌 *Hôtellerie*, de juillet 1992によって公表された結果。

顧客のカテゴリー

1997年に、われわれはパリでの第21回観光見本市の際に識別された4つのターゲットに言及した[175]。上得意客は、最も裕福な中産階級の社会的エリートに属し、大きな予算を旅行に自由に使える。彼らは学校の休暇期間を除いて外国へ出かけるが、夏に彼らの別荘で家族水入らずに戻ることを好む。新旅行者はもっと現代的であるが、当然それほど裕福ではない。それはインターネットとオンラインの滞在の提案に夢中になる知識人、管理職、自由業である。彼らは多方面に旅行し、探検に貪欲であり、たいして出費を抑えない。その他の2つのカテゴリーは、それほど大きな資力を使わない個人を挙げている。かなりアウトサイダーである本物の客は、35歳から45歳で、質/価格の最良の関係において異例の滞在を追求する。彼らは家族ぐるみでバカンスを過ごし、グリーンツーリズムを特別扱いするが、冬には外国やフランスの海外領土へ出かけるのをためらわない。彼らは同時に伝統主義者で、低消費者である順調な旅をする客ほどは多くない。多くの場合、退職者はとりわけバスでの団体旅行に夢中になっている。

識別された4つの顧客グループ（上記コラム参照）は、観光客の2/3を少し上回るぐらいにすぎないが、その他のカテゴリーは統計的に識別するのがもっと難しい。それらが意味するかなり奇妙な用語は、行動の重要性を示しているが、次のようなジャン＝ディディエ・ウルバン[176]を心配させるステレオタイプに変わりはない。すなわち、「彼らは出不精な人［で］、にせの旅行者である」、彼らは「無礼者で、破壊者である」、彼らは「団体では旅行しない」、またはさらに「海岸は以前と同じくらいはもう惹き付けない」、「田園は急成長中のバカンスの場所である」そして「外国での滞在は、増大している」。一刀両断にした統計がこれらの考え方を多く受け入れているとすれば、これらの指摘は少なくとも無視することができない集団表象の重要性を示している。

リゾートのマーケティングは、どちらかといえばホテルの再編成によって構

---

175) Jean-Michel Hoerner, *Géographie de l'industrie touristique, op.cit.*
176) Jean-Didier Urbain, *Les vacances*, Ed. Le Cavalier Bleu, 2002.

成される熱帯リゾート（メキシコのカンクン、チュニジアのジェルバ島、タイのプーケット）にとっては、観光客の世話はもっぱらホテルの総合施設や共同のツアーオペレーターに関して位置づけられるほどまでに、その性質によって異なる。反対に、北の最良のリゾートは、大都市を除いて大きな統合ホテルチェーンほどは関心を引かない。その評判や成功は、外向性から内向性への移行[177]、すなわちしばしば人為的な方法で実施するものを生ぜしめる自然の魅力に依存する。それはあらゆる現代的な経営手法に恵まれ、組織された、裕福なコミューンと観光多国籍企業の熱意の言いなりになっている南の新しい海水浴都市の間での違いのすべてでもある。観光の初期には、それは観光客を簡単な組織の範囲内で惹き付ける海、山岳、雪、記念建造物のような外向的な魅力である。観光産業が地方自治体のコントロールの下で飛躍を遂げるとき、リゾートは内向的になることでその特有の環境を創出する。たとえば、15％以下の顧客だけがスキーをするためにウインタースポーツのリゾートにやって来るにすぎないシャモニーでは、その特有の魅力を創出して顧客を固定客にしようと努めている。ル・トゥケ、ドーヴィル、ビアリッツ、サントロペ、ジュアン・レ・パン、ムジェーヴ、ヴィシー、アンギャン・レ・バンまたはさらにレ・ルスは、すべて時には100年以上の古い観光の伝統を誇示している小さなまちである。それらは海水浴、山岳（ウインタースポーツ）または温泉の未開拓市場に位置している。それらの資源が、とりわけ文化的かつスポーツの賑わい、ゴルフ、会議、フォーラムおよびフェスティバル、カジノ、地域の生産物が求められているレストラン業、そして品質保証を与えられた多くの取引に結びつけられている。そこで考えられる最良の受け入れが最重要課題である。遺産は十分活用され、質が求められ、あるライフスタイルが奨励されている。それはとりわけ季節性の影響を弱めようとしているように思われる。市役所はしばしば予約センターを備えた観光局の能力を拠り所としている。つまり、それは旅行産業と同様にホテル産業に関しても主要な役割を演じる大きな組織ではないが、まちの能力は特有の方法によって顧客を惹き付けている。このモデルは、2つ

---

[177] Jean-Michel Dewailly, *Tourisme et aménagement en Europe du Nord*, Paris, Masson, 1990.

の主要なパラメーターが質と固定客化である一種の「観光地の文化」を明確にしている。供給とサービスに関わる最初のものは、このリゾートの進め方を正当化している。顧客のイメージと性質を拠り所とする第2のものは、次の3つのカテゴリーに整理される。すなわち、どちらかというと季節的な普通の観光客、とりわけ自分の別荘に執着する短期滞在の観光客、そして近隣の観光を行う在留外国人である。われわれはジャン・コクトーにとってドーヴィルがパリの21区であったということをしばしば引き合いに出す。われわれはいったん諸条件が許せば、より良い観光地の大変革には決して固執しないであろう。フランスでは、ノルマンディ地方とモルビアン湾のリゾートは、非常に多数の二重住居があり、別荘とそのうえさらに定年退職者の定住はだんだん少なくなってきている。一方、素晴らしい、古いホテルは、集合住宅に変わっている。『エコー』(Les Échos)〔経済・金融日刊紙〕によれば、「車やTGVで3時間以下では、海が惹き付けている。リゾートはそのとき首都の瘤と同じようなものとして考えられる。そこでの物価は、結局パリの物価と同じくらい高い」。

いくつかのリゾートに関して…

　内向性はリゾートがひとりでに造られるとは必ずしも意味するとは限らないが、どちらかといえば、それは最大限を引き出そうと努めてその場所を整備することを意味する。それはある特有の進展を見ることに関心がある理由である。何よりもまず、その場所の有力な証明の1つであるみごとな文化遺産が満足すべきものであるということは本当か？　プロヴァンサルプ・コートダジュール (PACA) 地域圏によって計画された調査[178]は、明白な矛盾を強調している。その遺産が1年に500万人の来訪客を受け入れ、地域圏の観光経済の15％以上 (27,000人の雇用) となっているとき、PACA地域圏の観光は息切れしている。ところで、観察者はアヴィニョン教皇庁やアルル古代博物館を引き合いに出して、リゾートにおける記念建造物と博物館の適切でない統合に固執している。

---

[178] プロヴァンサルプ・コートダジュール地域圏の地域遺産機関に対してHervé Passamarによってコーディネートされた報告書。

したがって、そこには良い内向性と悪いそれとがある。

　都市観光を際立たせているシャンゼリゼは、本物のリゾートとして機能している。ジャック・シラクが地区の新しい方向づけの先頭に立ってパリ市長をしていた時の公的なイニシアティブは、贅沢な活動にとっての新たな熱狂のおかげで、同じようにハイクラスの観光の目的地となっている。したがって、一般受けする使命を捨てて—FNAC[25]タイプのデパート、ファーストフード、シネマコンプレックス—、RER[26]網の設置後、シャンゼリゼは常に続けられる変化に着手している。そこでは不動産価格とそれに伴う投機、およびパリの使命という2つの要素が競っている。家賃が1m^{2}当たり5,000ユーロから10,000ユーロに高騰するとき、われわれは今後ヴィトン、ヒューゴ・ボス、カルティエ、ゲランおよびモーブッサンなどのおよそ10枚の豪華な看板を数える。そのうえ、192客室（45％はアメリカの出資）のマリオットホテルの出現とごく最近ではフーケ・バリエールの開店を思い出さなければならない。そこでは合計すると、1年に1億2,000万人から1億8,000万人の来訪客になるであろう。

　ラ・グランド・モット（エロー県）のラングドック地方の比較的新しいリゾートは、本当に「大部屋宿泊施設」ではないが、全く「貴族的」ではないであろう。フランス人のバカンスに当てられた調査は、そのことを示しており、われわれはそうであることを予想した。つまり、「小モナコ」でもなく、「観光売春」[179]の中心でもない！　モンペリエの海水浴場を2倍にするにすぎなかったとき、1960年代と1970年代にその発展を可能にしたのはラシーヌ・ミッションである。しかしながら、夏の入り込みは10万人を凌ぐ観光客であるにもかかわらず、ラ・グランド・モットは常住人口の増加（約1万人）とモンペリエ近くの観光に反して微妙な時期を過ごしている。ラ・グランド・モットは多数の定年退職者と学生を受け入れているとはいえ、その質に問題があり、改修を必要とする不動産の高値に喘いでおり、ラ・グランド・モットが離れた都市圏共同

---

179) Anne Fohr, *Nouvel Observateur* d'août 2006と1970年代における同じ週刊誌を借用した出典。

(25) Fédération nationale d'achats des cadresの略。フナック。書籍、オーディオ、スポーツ用品などの大型チェーンストア（天羽均ほか編（2006）『クラウン仏和辞典（第6版）』三省堂、657ページ）。

(26) Réseau express régionalの略。首都圏高速鉄道。

体の輸送の恩恵に浴することはもうない。

　リゾートまたはホテルの大規模な総合施設は、保養地として考えられていないとはいえ、われわれはしばしばホテル、そしてたいていいつもレストランとカフェを極めて賑やかな施設と結びつけている遊園地（観光地域参照）に言及しないわけにはいかない。実際は、遊園地と世界で毎年合計10億人の来場者を受け入れているテーマパークの違いに気づくに違いない。アルプス社（アステリクス公園、スターパーク）またはディズニー社の公園のような最初のものは、完全に民営である。第2のもの（フランスで1,400万人の来場者）は、一般に混合経済会社[27]によって経営され、多額の地域圏の補助金の恩恵に浴している（ポワティエのフュテューロスコープの例）。遊園地とテーマパークは、極端にまで押し進めた一種の内向性を伸ばしている。

　われわれは同じように発展しつつある巡礼地であるメッカについて言及することができる。すなわち、250万人の巡礼者が2006年のハッジュ〔巡礼〕を期待し、そのうちの40％は女性で、1950年の来訪者の25倍であった。ホテルは58,000ベッド、準ホテルと民宿は43,000ベッドで、メッカは約40億ドルの観光収入を生んだ。

マラケシュ（モロッコ）の例

　南に位置しているから特定の型に納まらないマラケシュは、いわば輝かしいその歴史と結びついた「貴族的な」ランクと認められた。アトラス山脈の麓に位置して、まちはスーダンの黄金ルートを支配下に置こうとしたサハラ砂漠の征服者であったムラービト朝[28]によって1066年に創設された。したがって、それは初めには長い暑い季節の間、ナツメヤシの実を供給し、多少とも、モロッコの皇帝都市の1つであり続けたオアシスである。2001年に国王モハメド6世とモロッコ王国政府によって計画されたビジョン2010（第1章参照）において、マラケシュはその目的をもっともうまく果たしている。モロッコの宿泊の

---

[27] sociétés d'economie mixte。半官半民の共同経営の会社（R.2255ページ）。
[28] セネガルのリバート（城郭状の修道場）の修道士たち（ムラービトゥーン）が1056年にベルベルの王朝であるムラービト朝を建国したが、1147年にムワッヒド朝軍のマラケシュ攻囲により滅ぼされた（歴史学研究会編（1994）『世界史年表』岩波書店、101ページ、111ページ）。なお、アルモラヴィド（Almoravides）は、ムラービト朝のフランス語読みである。

35%を占めるアガディールと比べて国際観光の最初の目的地は、毎年約20%増加して2005年には140万人を受け入れている。他方、それは12万人以上の観光客で7カ月の季節性の影響を弱めている。最後に、35,000ベッド—そのうち約3万ベッドが格付けされている—と220万人の乗客の航空輸送で、リゾートはそのダイナミズムを裏付けている。

　マラケシュは二重の幸運を有している。それはチュニジアのように遠隔のマスツーリズムに賭けなかったし、むしろ文化的な方へ方向転換した観光活動（皇帝都市ツアー）を考慮したため、どちらかといえばハイクラスの国際的顧客から利益を得ることになった。73万人のフランス人の来訪者は、その他のヨーロッパの来訪者（観光客数の52%、宿泊者数の62%）を前にして放心状態にある。全体で滞在者数の15%と宿泊者数の13%にすぎないスペイン人、イタリア人そしてイギリス人は、同様に自国民（滞在者数の18%と宿泊者数の12%）に続いている。たとえわれわれがペルシア湾とビジネス部門の観光客の急増を当てにしているとしても、マラケシュはとりわけスペインの最良のリゾートに取って代わろうとするヨーロッパの目的地であり続ける。ホテルと準ホテル、貸家（約800軒）および別荘の3つのタイプの宿泊施設が気に入られている。ホテルの2/3近くになる4つ星以上の施設とは反対に、経済的なホテルは現在のベッド数の10%以下で、かろうじて食べていけるだけの収入しかない。広義には、ホテルの収容能力は、30年で10倍に増加した。

　富める国のモデルにしたがって造られたリゾートであるマラケシュの例は、南の国における国際観光の植民地主義者の傾向を象徴していないか？　マラケシュの地域観光評議会（CRT）は、より全般的な問題を考慮に入れることを怠ることなく、「3年計画」の一環として「その主要な目的地を通して地域的な観光を発展させ、推進させる」ことを目指している。なるほどその行動は空港の拡張のような（「実際の能力が800万人の乗客を運ぶ」）観光に特有の活動に関わっているが、それは新しい鉄道の駅、大学病院センターの開設、洪水防止の堤防および汚水処理のような「基本となるインフラストラクチャー」の強化と同様にいくつもの「都市開発プロジェクト」（600haのエル・グール基地での道路、バイパスまたは駐車場、新しい都市センター）もまた統合する。観光の中心は、メディナ、イベルナージュ、パルメラおよびゲリス地区を含む（図12）。しかしながら、プールとその派生的なもの（安逸〔farniente＜スペイン語＞〕）、ゴルフおよびとくにすぐれたレストラン業とナイトライフの賑わい（カジノ）と結びついたさまざまなお祭り騒ぎから実施される「快適な温度、湿度が保たれた」保養観光は、極貧の大洋の中でのデラックスな居住

154　　第6章　観光地の戦略的役割

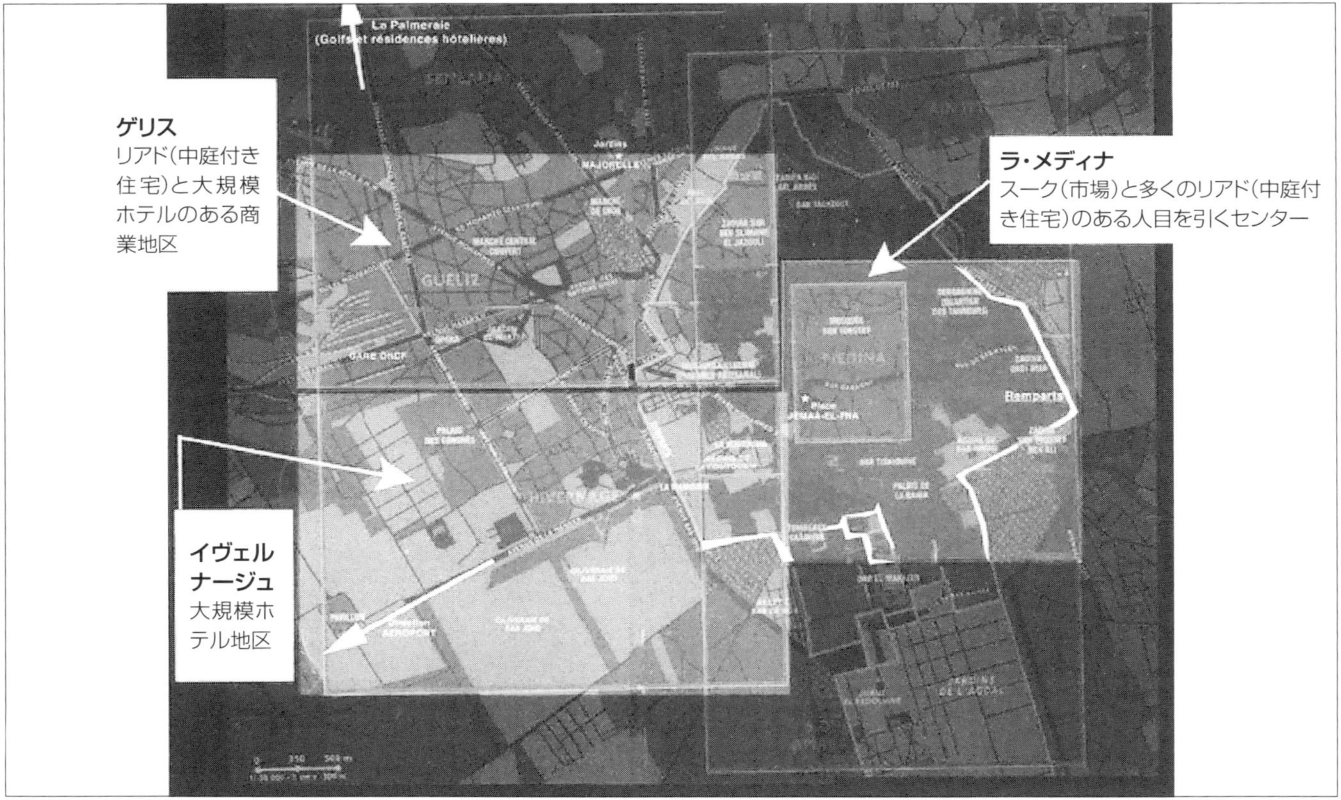

図12 マラケシュの観光センター

> 区と一体化している。モロッコの「黄金時代」(12世紀)にムラービト朝によって建設されたモスクであるクトゥビーヤですら、マラケシュが有名な中心であるイスラムによりも観光に捧げているように見える。安全に関する市当局の努力は、地元住民によって痛ましく真に迫ったように思われる。そのなかでは、観光で生活する人々は観光客よりも彼らのまちの外国人であるという感じで観光センターを大股で歩く。しかし、われわれはこの譲歩をすることなく、富と雇用の供給者である観光を発展させることができるだろうか？もしこの活動がまちの大多数の住民を参加させる急発展を可能にしなければ、最悪のことが心配される。人々はとりわけそこに永住しているヨーロッパの定年退職者を想像しようとはしないであろう。

　やがて、観光地は国際観光の征服の手段の一部を成しているから、そこには貧困な国における別のマラケシュがあった。ところで、最も裕福な人々（観光客はいつもはるかに優る誰かさんである）のために北によって発展する「貴族的リゾート」のモデルは、そこでは隔離〔セグリゲーション〕を助長している。われわれは地方の中産階級がどのように外国人観光客と一体化しているかを見出した。そして、われわれはもし外見上は贅沢な観光センターが有産階級の政治的権力の行使に貢献しないとすれば不思議に思うかもしれない。イスラム原理主義者は、たとえ彼らの政治的参加がいつも本当に大衆的な体制を称賛するには程遠いとしても、たとえばこのタイプの観光地は傷つきやすいということを知っている。このように仮定した場合には、国際観光は積極的に「文明の衝突」に参加することになる。

観光開発

　何よりもまず、もしリゾートがあらゆる観光開発の基盤でないとすれば、リゾートは決して利益を生まないということは滅多にないことを強調すべきである。ピエール・メルラン[180]によると、開発は「住民団体、活動、建設、設備

---

180) Pierre Merlin, *Géographie de l'aménagement*, Paris, PUF, 1988.

および国土の広がりにおける交通手段を準備することを目的とする計画的行動の全体」であるが、イヴ・ラコスト[181]は開発が「集団の進歩を得る」ために「比較的影響力のある指導者や人物」によって適用される政策から生じると付け加えている。観光に関しては、旧東欧諸国の計画経済は意見を求めることなく労働者の満足を目的としており、とりわけ実際にどちらかと言えば滅多にない国際観光客を無視している。一方、たとえばラングドック・ルシヨンのラシーヌ・ミッション〔特務行政機関〕は、必ずしも観光産業の必要性に応えているとは限らないが、過小評価されたブドウ栽培の影響を埋め合わせて国民のまたは外国人のマスツーリズムを促進しようとしている。

　観光開発はすでに重荷になっており、しばしば本来の意味における活動から引き離されている。というのは、たとえわれわれはそれが有益であり、時には必要不可欠であると判断したとしても、それは都市機能の再編成をするものとして考えることからは程遠かったからである。何十年か後に、われわれは結局、大規模土木工事を目撃する。そのことは1970年代の石油危機に始まり、計画的な大きなプログラムの資金提供を徐々に干上がらせた経済的危機が原因である。それは結局、事実上の金融グローバル化と長期投資がほとんどなくなっているグローバル化をもたらした東欧とソ連の社会主義政権のせいでもある。都市計画の単純な問題に帰せられた観光開発は、そのとき以降それほど困難ではない国家のイニシアティブを意味する。開発はやっとのことで観光産業を「永続的に」作ろうとしている国家以上に手段を有している民間部門が担当しているとはいえ、それは大規模開発が現実性を帯びている新興国にとってのケースではない。それはまたラシーヌ・ミッションのケースでもなかった。

ラシーヌ・ミッション

　ラシーヌ・ミッションは、「地方自治体、国または地域圏のプランナーの強力な介入を求める大規模な沿岸開発すなわち、主要なインフラストラクチャーの直接融資、開発の

---

[181] Yves Lacoste, *De la géopolitique aux paysages, op.cit.*

文書や規則の周到な準備、民間投資の規制と奨励、促進や推進の行動」[182]に順応させている。ラングドック・ルシヨンの砂州(さす)で孤立されたラグーン〔潟(かた)〕をもつ海岸は、蚊にさらされている無防備な空間で、ニーム、モンペリエ、ベジエ、ナルボンヌおよびペルピニャンのような大きなまちの同種のものにおける観光開発にのみ宿命づけられていたが（図13）、ピエール・ラシーヌはその任務は「非常に困難」であると判断している。すなわち、極めて平坦な海岸、沼地の点在、しかも「人間の怠慢はさらに厄介な性格を際立たせた。〔…〕；最も異様な材料で作られたバラックで〔…〕、海岸は多くの点でみすぼらしくなっている」[183]。地域が関心を寄せる都市計画が次に準備され、数年後の1972年に、われわれは「国、地方自治体、インフラストラクチャーの開発のための混合経済会社、民間の出資金」[184]と結びついた沿岸開発計画を作った。1955年の蚊の駆除後そしてバ-ローヌ・ラングドック会社（預金供託金庫と結びついた）のおかげで、土地投機[185]は回避され、五大「観光ユニット」が著名な建築家の力を借りて配置されている。1976年には、事業費は約55億フラン（8億5,000万ユーロ）と見積もられ、不動産開発業者によって2/3が保証されている。インフラストラクチャーとプロモーションを自慢しているロベール・フェラとジャン＝ピエール・ヴォルは、しかしながら「砂丘とラグーンの環境保護を認めた心配にもかかわらず、沿岸開発は未開の空間にほんのわずかではあるが、都市化したタイプの環境の集積、破壊／建設のような印象を与えている」[186]と考えている。

　そのような観光開発に関する失敗は、われわれが最も人気のあるものを中産階級に訴えかけるという事実に帰すべきである。集合住宅で建てられたラングドック地方沿岸の質素な別荘は、1990年代にはキャピタル・ゲインなしには転売されていないだろうか？　その時期の責任あるホテル業者は、「観光をそれほど大げさではなく、もっとすごいものに」しなければならないし、「新たな

---

182) Huguette Durand, Pierre Gouirand et Jacques Spindler, *Économie et politique du tourisme*, Paris, L.G.D.J., 1994.
183) Pierre Racine, *Mission impossible*, Ed. Méridionales, 1980.（ピエール・ラシーヌ著、津端修一監訳（1987）『自由時間都市—リゾート新時代の地域開発』パンリサーチ出版局）.
184) Christian Verlaque, *Le Languedoc-Roussillon*, Paris, PUF, 1987.
185) われわれは長期開発地区（ZAD）を設ける。
186) Robert Ferras et Jean-Pierre Volle, *Languedoc-Roussillon, région de la France du Sud et d'Europe du Nord*, Paris, Bréal, 1989.

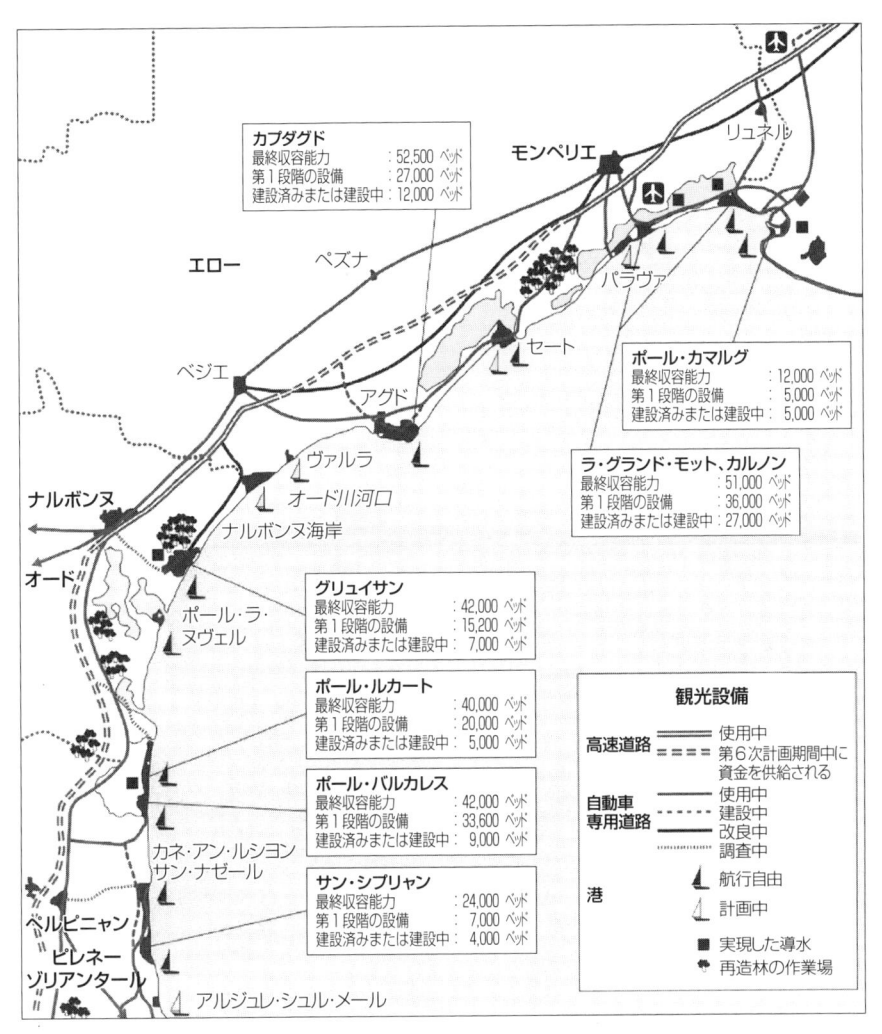

図13　ラングドック・ルシヨンの沿岸開発

ラシーヌ・ミッションを創設する」必要があるように説明している。われわれはそれについてまた話すことにする。本当の質問は、大衆的な観光とは何か、そしてマスツーリズムの憧れとは何かである。観光客から「金を巻き上げる」必要で評判を落とすことなく、われわれは観光滞在がしばしば約100ユーロの毎日の出費を意味しており、一時滞在の簡素な住居と同一視されないということを知っている。言い換えれば、そして規模の違いは別として、観光客は彼ら

159

の存在の特別扱いされた瞬間に対してある種の質を求めている。それはラシーヌ・ミッションの主要なミスであり、そのことは遠隔のマスツーリズムとの関連でほとんど競争していない開発空間をもたらしている。われわれはあまり魅力的ではない、ぱっとしない、非常に悪化した質の不動産ファンド（ラ・グランド・モットの事例）を見ている。一方、われわれは大部屋宿泊施設リゾートの全体においてホテル業を無視した。キャンプ場が一部はこの不足を補ったが、十分ではない。他方、観光地区のこの傾向は、ハイクラスの観光を排除した。そして、いくつかの良好な別荘は埋め合わされていない。地域の1,500万人の来訪客は、あらゆる指標が示しているように十分な出費を実行していない。そのことは「グローバルな」観光開発の意向を非難し、そのうえ、もう富める国の現実に合わない。それは「閉鎖空間」の卓越によってまさに強調されている。

　大規模な出資とともにより明確な動機がなければ、富める国の実際の開発は、フランスにおける国・地域圏計画協定（CPER）[29]のようなもっと限定された投資に依存する。今日では、ラングドック・ルシヨン地方のそれは十分有力な地域的活動である観光は、当然受けるに値する考慮が払われないということを示している。すっかり手段の貧困に悔やみながら、われわれは自治体（その地域統合計画[187]（SCOT）とともに）、地方、都市圏、地域圏自然公園を拠り所としている。なるほど、われわれは別に扱う交通面の役割を強調するが、観光のような「ある経済的段階」への影響を口先だけで言及している。洪水や火事のリスク、不動産のコントロールのようなラグーンの空間の保全と結びついた環境対策を除いて、われわれは「沿岸地帯を永続的に管理する」ことで満足する。言い換えれば、われわれは観光産業をより良く発展させるための自発的な開発政策をもはや当てにしていない。ホテル、賑わいの場所の建設は、全体的に民間部門に委ねるべきである。

---

187) Schéma de cohérence territoriale の略。地域統合計画。
(29) les contrats de plan État-régions の略。国・地域圏計画協定。

自然環境の保全

　観光はしばしば脆弱な環境を占領するが、そのなかには山岳と海岸がある。そのことはわれわれが自然環境にとって危険な観光産業を検討し、どちらかと言えば、それが人間の活動の結果、悪化させる危険があるということを意味する。フランスでは、1991年の山岳計画の後と1996年以後の新観光地区の中止のほかに、1985年の山岳法は都市連続体の考えに従う観光都市化に極めて厳しい制限を定めている。都市と土地占有計画（POS）とそれ以降の地方都市計画（PLU）のような手段[188]は、高地では滅多にないということは本当である。広い空間での統合を提案する地域統合計画（SCOT）の作成前に、フランスの多数の海岸都市は、エコロジストたちの圧力や県庁の用心深い眼差しにもかかわらず、展開するために土地占有計画（POS）を利用した。とりわけ観光投資と同様のものに関わる場合には、マリーナを許可するためには漁港や貿易港よりもはるかに厳しい。そのことはスペインにおける海岸法に例があるように、緩和の意味で進展する可能性がある。この国では、過度の不動産投機のために、「1987年と2000年の間に、沿岸で建設された地区は、30％増加し、ムルシアやバレンシア地域のいくつかの地点では50％以上増加した」[189]。

　初めは、1975年に創設された沿岸保存所と1979年のオルナノ・ガイドラインのフランスへの適用は、それほど強制的なものではない。同様に1986年の海岸法もそうである。活動がいわゆる非観光経済に属するかを検討し、建物が都市連続体に位置しているのであれば別だが、岸から100m以内での建設を禁止することが問題である（が、何がその境界なのか？）。ホテルを他のものですっかり取り替えることは、こうして許可される。われわれは同じようにすぐ近くで人工海岸を直ちに造るという条件で、マリーナを建設することができる。実際は、産業と観光地はやたらに金銭を欲しがるものである。悪行がコート・ダジュールのように消費されるところでは、われわれは設備を楽しみ、一方や他方に身を置くのにしたがって、設備が存在することを嘆くから、立法前に設備を整えられない観光地には不幸なことである。

---

188) それは土地占有計画（POS）と地方都市計画（PLU）である。POS: Plans d'occupation des sols の略。PLU: Plans locaux d'urbanisme の略。
189) Cécil Chambraud, Les Espagnols construisent au détriment de l'environnement, *Le Monde* du 10 août 2006.

ところで、われわれは山岳法を緩和したいと思っているのと同じように、沿岸地帯に関する措置を修正しようとしている。これに関して、山岳の湖についてわれわれは今後、海岸法または山岳法を適用するという選択をもっており、たぶん建設に関してあまり拘束しない方がよいということに気がつくべきである。しばしば一貫性を欠いている極端な法解釈がすでに1994年のボッソン法になったということは本当である。それには沿岸地帯のコミューンにおける住宅建設の許可された面積の増加に責任はないのか？ 1993-1997年における相対的な中断後、われわれは毎年約400万 m^2 という1990年のリズムを取り戻している。なるほど、それはまだ続いている不動産急騰の始まりであるが、拡大は否定できない。沿岸地帯のコミューンの議員の大部分は、本当のことであるが、すでに観光客に始めているあらゆる世論調査と矛盾している。それを理解しているように思われる開発省では、われわれは「法の精神が尊重されるためには法の適用において柔軟でなければならない」と強調している。このように、沿岸地帯のコミューンはその後背地に法を適用しないであろうし、海水や湖水を保護しなければならないから、われわれは浄水場なしで済ますことはしないであろう。沿岸保存所や全国沿岸評議会の会議における議員の割当数が増加するに当たり、重要性を認識しているのは、国でも自然保護団体でもなく、地方自治体である。それは同時に公正でもあり、逆効果でもある。われわれはこうしてコルシカ島で、すなわち15％から20％の建物を建てることができる範囲を［持つ］沿岸の「脱聖域化」をしようとするある政治家（カミーユ・ドゥ・ロッカ・セラ）とコルシカ島の住民が「脱聖域化で生きながらえることができるか」どうかを自問しているナショナリスト（ジャン＝ギ・タラモニ）の間の対立を見ることで至る所で元気を取り戻すことができるであろう。

世界観光機関の勧告

　持続可能な観光に関する出版物（前掲資料）において、世界観光機関は相当数の勧告を出している。たとえそれが「下位地域の計画化」の特権を与えられ、「政策や構造的計画」を重視するとしても、完全にその役割を果たしている。しかしながら、いくつかのアトラクションと同じように、観光施設や観光サービスを集中する［ために］、アクセスする地点や近くの地点に中継地区を創出」したいとは思わないのだろうか？　観光アトラクションの再編成は、その地区へ観光客をいっそう訪問する気にさせ、彼らの滞在延長を助長するであろう」ということは確かだろうか？　それに反して、観光開発に当てられた地区は、「住民の一般的な必要と観光開発を同時に提供する多様化したインフラストラクチャー」を創設するのが明らかであると思われるのと同様に、その他の経済活動を犠牲にすることがない方がよい。

　われわれは同様に観光地と都市観光の双方向に同意することができる。このように、たぶんすでに言及した内向性に基づいて、「リゾートに特有な性格を与える」ことが薦められる。われわれはラングドック・ルシヨンの専門家がしつこく要求するように、「リゾートで働く人々のために住居を用意する」ことをもはや忘れない。それは世界観光機関の仕様書には欠けており、われわれがまた「都市観光」に関して思い出すことは、観光活動が「別に」位置していると信じる頑固さである。われわれはそれをその他のものとして考える一貫性を獲得した。最後に、「エコツーリズムの計画」は、「受け入れ」としっくり行っている主要な目的でなければならない。「エコツーリズムは環境の諸問題を観光客に教育する必要性を強調して環境保護—生物多様性、動物相、エコシステムなど—に最大の注意を払う自然観光の一形態である」ことを再確認しなければならないだろうか？　われわれは地方自治体が観光から雇用と収入を引き出すため「地方自治体を開発に参加させる」という世界観光機関の願いを同じように共有するが、グローバルな開発はある種の規制の考え方とは逆に、そこに到達することはできないということを繰り返して言う。

第7段階の意図

　経済的中心と権力の中心としてではあるが、開発の当事者としても観光地は、本当の地域的な影響力がなく、小さな領域に限定された「観光化した」空間のただ中での観光産業のオペレーターである。昔の植民地商館のように少し機能しながら、それは観光生産物の販売と購入のために創出されたグローバル化した経済活動の中継地である。しかしながら、これらのリゾートはとりわけ環境のレベルで持続可能な観光の要求を尊重することなくそれらの利益にとって最も良いように開発し、内向的なそれらの活動を発展させることで、絶えず造られる。最も良く練り上げられたリゾートは、すでに富める国をつなぎ、新興国において必要になるネットワークを形成している。この場合において、それらがウンマに位置するイスラムのテロの潜在的な標的である顧客の入れ替えを考慮してうまくコントロールされない社会的緊張の中心は、都市的性格を主張すればするだけますます重要性を過小評価する余暇の地政学の争点となる。

むすび　観光、発展の要因

　われわれは、何よりもまず、フランスの例が適切であるため、観光雇用に関して心配しなければならない。観光雇用は直接的、間接的そして誘発されたものであり、全体で約20万の観光事業所にとって（1/4はホテル業で、約半分がレストラン業である）、最初のものは86万人の雇用を超えており、そのうち約80％は給与生活者である。第2のものは数え切れないし、それらが観光との関連で極めて副次的な活動に属する限りにおいてすべてを挙げるのはうんざりするであろう。すべてが前例と同じくらい議論の余地のある第3のものを付け加えるに当たり、われわれは160万人の雇用という相当な数に達した。総合的に、「国によると、1の直接雇用から3の間接雇用または誘発雇用を創出し、観光は労働人口の7％を雇用している」[190]。この段階的拡大は、われわれがそれを見たように、限りない動機を波及させる世界観光機関の観光客の激増を連想させる。部門の給与生活者の質的アプローチは、より多くの関心を示している。われわれはすでに常にフランスでは、大多数が期限付き雇用契約（CDD）[30]である従業員の約1/3を毎年入れ替えることによって具体化される重要な回転率を見積もった。そこでのパートタイムはとくに高く、全体の1/4であり、もし正規雇用の80％が一般に決定的な職を構成しているとすれば、それは地中海弧や大西洋岸の一部（期限付き雇用契約における給与生活者の90％）においてということではない。状況はより資格のある雇用の募集、労働条件の改善、より良い賃金とともに、そして季節労働者の問題を解決することで改善される可能性がある。さらに、グローバルな労働力は、小さなホテルでは従業員がいなければ閉鎖されるぐらい不十分なままである。

　モロッコのような新興国では、観光は雇用の主要な創造者でもある。われわれは1966年にアメリカ人俳優マーロン・ブランドによって購入され、9人の相

---

190) Béatrice de la Rochefoucauld, *Économie du tourisme*, Paris, Bréal, 2002（この著者はとりわけYves Tinardの著作に言及している）。

(30) contrat à durée déterminéeの略。

続人によってエコロッジタイプ（再生可能なエネルギー、植生の配慮、モーターボートの禁止）の「持続可能な」ホテル業に帰属したポリネシアの環礁の例を取り上げて、興味深い論争を始めることができる。ところで、この極めてエコロジーなプロジェクトは、多くの雇用を創出したが、地元の漁師が環礁の礁湖で活動を続けるのを禁止した。伝統的な経済対エコツーリズム、地元住民対観光客。当然の相違点は別として、そのことはアルカションのカキ養殖と彼らが占有する地区を解放することを期待している観光不動産開発業者との間の潜在的な衝突に似ていないだろうか？　そのうえ、観光産業が貧しい国々において発展する限り、賃金は低く、雇用者負担分は非常に削減されるから、開発効果は見かけ倒しにすぎないかもしれない。それは観光の単一の活動への傾向を理由として、危険にさらされている観光のグローバル化の最も批判的な部分の1つである。収益性がないにもかかわらず、さらに生存の相対的な均衡状態において人口を維持する農業部門を犠牲にしなければならないだろうか？　同じように、アジアの競争に直面してすべての繊維産業を閉鎖しなければならないだろうか？　そのうえ、もしわれわれがなおその考えにおいて価値を低下させた活動に類似している観光の仕事を再評価しないとすれば、われわれは一難去ってまた一難であろう。観光専門校、とりわけホテル専門校を極めて速やかに創設する必要があり、全国的な経営者の人材育成をためらってはならない。

　収入に関して、経済学者は観光産業に適用されることがある乗数効果に大変執着する。ケインズはこのように総需要が経済に乗数効果を及ぼすということを明らかにした。上述したことに続いて、主導者層の支出は、その他の階層に対する支出を発生させる。この計算では、たとえ経済学者がどちらかといえば加速度効果を強く主張するとしても、投資も考慮に入れなければならない。そのうえ、われわれは当然、雇用にではなく収入に関して有効であるものに従った明白な矛盾には立ち戻らないであろう。ある著者[191]によれば、観光産業の乗数効果は3と算定されている。もしわれわれが平均的な海水浴場の例を取り上げるとすれば、7,500万ユーロと見積もられる予測できる収入は、2億ユーロ以上の天の賜物に変わるということを推論しなければならないであろう。補

---

191) とりわけ、Huguette Durand, Pierre Gouirand et Jacques Spindler, *op.cit.*

完的収入は、観光にのみ関わるのではないが、観光がなければ、それらは存在しないであろう。

とりわけフランスのような富める国へ適用可能なこの評価は、貧しい国々のなかではもっとささやかであるとはいえ、同一のモデルを前提としている。直接雇用の大量創出のほかに、われわれはそのと、観光産業の発展のため新興国の関心を理解する。しかしながら、すでに述べたことを検証する本質的な2つの特徴を思い出さなければならない。何よりもまず、北がその産業と顧客を同時に広めるから、そこでの観光活動は特殊なものである。もし投資収益率が利子と利益の償還を意味するとすれば、消費者の出所はわれわれが「専属観光」に関して指摘したように、そのうえそれらの支出の一部を徴収する北によってコントロールされる顧客と結びつける。次に、結果は経済的であると同じくらい社会的であるから、貧しい国々は地元住民、そのなかの部門の給与生活者に対して問題がある行動を誇示する何百万人もの外国人を受け入れなければならない。したがって、国際観光はおそらくフランソワ・ペルーの主張以上に不平等を助長する発展を促進しており、住民たちは彼らの収入の上昇を漸次見積もるということはできない。ある人々はそれが支払い義務であると考えるが、他の人々は当然、活力が非常に有害なものを創出するということを懸念している。

南への観光客の移動と北への非合法の移動の並列は、それでも持続可能な観光に関して言及された好機を提供していないだろうか（第5章参照）？　われわれはいわば北の観光客によって補助金を支出された最も貧しい人々のために南における観光活動の発展を強化することはできないだろうか？　不安定な状況のなかで国から逃げる代わりに前者は、後者との関係を形成し、万一の場合、準備された範囲内での出発を考慮に入れた。したがって、そのことは選ばれた移動と地方の発展との間の両用の解決であろう。それは夢物語なのか、それとも多くのなかの1つなのか？　それでも、ジレンマは新興国にとっては単純であり、「協力発展」の活動の展望のなかに位置するであろう。観光活動が楽しみ、敬意そして観光と結びつかない経済発展の空間を創出する限りにおいて、それは知的観光によってひいきにされた和やかさという長所に基づいている。今のところ、そのような経験が存在するが、内密のままである。われわれは団体観光客が地元住民のなかでの発展の経験を体験するということを想像できないだ

ろうか？　なぜ彼らは農業、工業または商業の活動を推進するに当たり、必要な投資に加わらなかったのか？　来訪された住民たちは一種の労使協調のなかで受け入れる一方、この人道的な観光は観光客を開発の当事者に変えるであろう。そのことはもっと平凡な場所、とりわけ海水浴場に変わりはないが、国の規模では、われわれはこうして「無理解」の形態に制限されるであろう。すなわち、それほど有機的に構成されていない経済における危険な単一活動の状態にあるすべての観光の放棄と住民が何百万人もの観光客を受け入れるのにより良く準備をする人材育成計画の実施という2つの条件が求められる。もしわれわれが激しい社会的コントラストによってリゾート内でのマスツーリズムだけのために国際観光のこれらの2つの異なった形態をすばやく並列するのに成功しなかったとすれば、植民地主義者の悪循環が最悪の事態に到るのではないかと心配している。

　概略を示した解決は、権力のヒエラルキーや現実的なまたは潜在的な紛争の激化では満足しないその他の地政学の意味を明らかにした。だから現実的なまたは開発の地政学が問題なのである。南における開発政策を刺激するために単純なレジャーの方向を変えた観光移動は、国際観光客にもっと人間中心主義の職業を再び与えた。彼らはもう単なる捕食者ではないが、レジャーの最初の職業を無視することなく、永続的に大衆に歩み寄ることに貢献するであろう。

参考文献

AFEST (Patrick Vicériat,Claude Origet du Cluseau, Michel Balfet, mars 2005), Paris, *Revue Espaces, Tourisme & Loisirs*, n° 224.

ANDRÉ Jean-Marie, BASLEZ Marie-France (1993), *Voyager dans l'Antiquité*, Paris, Fayard.

BAUD Pascal, BOURGEAT Serge, BRAS Catherine (1995), *Dictionnaire de la géographie*, Paris, Hatier.

BEN JELLOUN Tahar (2006), *Partir*, Paris, Gallimard.

BERCOFF André (1991), *La mémoire des palaces*, Paris, Fayard.

BERGER Guy (1992), Épilogue doux-amer, Avant-propos, *Tourisme et société*, Paris, Ed. L'Harmattan.

BESSIERES Jacques (décembre 2004), Libre opinion, *Afest*.

BEZBAKH Pierre, GHERARDI Sophie (2000), *Dictionnaire de l'économie*, Paris, Larousse/Le Monde.

BOYER Marc (1972, 1982), *Le tourisme*, Paris, Ed. Du Seuil.

BOYER Marc (1999), *Histoire du tourisme de masse*, coll. ≪Que sais-je?≫, Paris, PUF, n° 3480.

BOYER Robert (2004), *Théorie de la régulation*, coll. ≪Repères≫, Paris, La découverte.

BRAUDEL Fernand (1985), *La dynamique du capitalism*, Paris, Ed. Arthaud.

BRAUDEL Fernand (2001), *Les écrits de F.B., l'Histoire au quotidien*, Paris, De Fallois.

BRUNET Roger, FERRAS Robert, THÉRY Hervé (1992), *Les mots de la géographie. Dictionnaire citique*, Reclus-La Documentation Française.

BUTLER R.W. (1980),"The concept of a Tourist Area Cycle of Evolution", *Canadian Geographer*, vol.24, n° 1.

CACCOMO Jean-Louis, SOLONANDRAISANA Bernardin (2001), *L'innovation dans l'industrie touristique*, Paris, L'Harmattan.

CACCOMO Jean-Louis (2007), *Fondements d'économie du tourisme*, Bruxelles, Éditions de boeck.

CAZES Georges *et al.* (janv. 2001), ≪À propos de tourismologie,la science par autoproclamation≫, Paris, *Revue Espaces, Tourisme & Loisirs*, n° 178.

CAZES Georges, LANQUAR Robert (2000), *L'aménagement touristique et le développement durable*, coll. ≪Que sais-je?≫ n° 1882,Paris,PUF.

CHADEFAUD Michel (1988), *Aux origines du tourisme dans les pays de l'Adour*, Université de Pau.

CHAMBRAUD Cécile (août 2006), ≪Les Espagnols construisent au détriment de l'environnement≫, *Le Monde*.

CHASSAGNE M.E. (1992), Avant-propos, *Tourisme et société*, Paris, Éditions L'Harmattan.

CHAUVEL Louis (2006), *Les classes moyennes à la dérive*, Paris, Le Seuil.

CHAUPRADE Aymeric (2003), *Géopolitique, constantes et changements dans l'histoire*, Paris, Ellipses.

CLARY D. (1993), *Le tourisme dans l'espace français*, Paris, Masson.

CLAVAL Paul (1994), *Géopolitique et géostratégie*, Paris, Nathan.

COMBES Claude (juillet 2006), *Les gènes contre les mèmes* (conférence à Tautavel, Pyrénées-Orientales).

COMBES Claude, *Darwin, dessine-moi les hommes*, Paris, Éditions Le Pommier, 2006.

CORBIN Alain (1995), (préface et direction de l'ouvrage), *L'avènement des loisirs 1850-1960*, Paris, Champs/Flammarion.

CORNU Yves (juin 1996), ≪Pour une autre approche du marketing des destinations touristiques≫, Paris, *Les Cahiers Espaces*, n° 47.

DAUDEL Sylvain, VIALLE Georges (1989), *Le Yield Management*, Paris, Inter-Editions.

DE BAEQUE Antoine (juin 2006), ≪Et Blum créa les "vacances payées"≫, *Libération*.

DEFERT Pierre (1967), ≪Le taux de fonction touristique: mise au point et critique≫, Aix-en-Provence, *Cahiers du tourisme*.

DENÉCÉ Eric et MEYER Sabine (2006), *Tourisme et terrorisme*, Paris, Ellipses.

DEWAILLY Jean-Michel (1990), *Tourisme et aménagement en Europe du Nord*, Paris, Masson.

DEWAILLY Jean-Michel (2006), *Tourisme et géographie entre pérégrinité et chaos ?*, Paris, L'Harmattan.

DEWAILLY Jean-Michel, FLAMENT Éric (1993), *Géographie du tourisme et des loisirs*, Paris, SEDES.

DUCHET René (1949), *Le tourisme, à travers les âges sa place dans la vie moderne*, Paris, Vigot Frères Éditeurs.

DURAND Huguette, GOUIRAND Pierre; SPINDLER Jacques (1994), *Économie et politique du tourisme* Paris, L.G.D.J.

DUROZOI Gerard, ROUSSEL André (1990), *Dictionnaire de philosophie*, Paris, Nathan.
FERRAS Robert, VOLLE Jean-Pierre (1989), *Languedoc-Roussillon, région de la France du Sud et d'Europe du Nord*, Paris, Bréal.
FINKIELKRAUT Jean, SLOTERDIJK Peter (2003), *Les battements du monde*, Paris, Pauvert.
FOURAT E.,DELAUNAY A. (2002), ≪L'exploitation hôtelière, une activité cyclique≫, Paris, *Les Cahiers Espaces n° 75/Hôtellerie, de nouveaux défis*.
FRANGIALLI Francesco (1991), *La France dans le tourisme mondial*, Paris, Economica.
GADREY Jean (1992), *L'économie des services*, Paris, Repères/La Découverte.
GEORGE Pierre (1974), *Dictionnaire de la géographie*, Paris, PUF.
HAULOT Arthur (1974), *Tourisme et environnement*, Verviers, Marabout.
HEISSLER Nicole (1992), ≪Voyage et/ou tourisme, du rêve à la consommation≫, *Tourisme et société*, Paris, L'Harmattan.
HERBIN Jean, *Tourisme et crise*, Grenoble, Revue n° 6 de l'Institut de géographie alpine.
HILLALI Mimoun (2003), *Le tourisme international vu du Sud*, Presses de l'Université du Québec.
HOERNER Jean-Michel (1993), *Introduction au géotourisme*, Presses universitaires de Perpignan.
HOERNER Jean-Michel (1996), *Géopolitique des territoires*, Presses universitaires de Perpignan.
HOERNER Jean-Michel (1997), *Géographie de l'industrie touristique*, Paris, Ellipses.
HOERNER Jean-Michel (1997), ≪La fin du tourisme de masse≫, Paris, *Revue Espaces, Tourisme & Loisirs*, n° 147.
HOERNER Jean-Michel (2000), ≪Pour la reconnaissance d'une science touristique≫, Paris, *Revue Espaces, Tourisme & Loisirs*, n° 173.
HOERNER Jean-Michel (oct.2001), ≪L'éclairage d'une crise annoncé≫, *Revue Espaces, Tourisme & Loisirs*, n° 186.
HOERNER Jean-Michel (2002), *Les classes moyennes dans la barbarie*, Ed. Balzac.
HOERNER Jean-Michel (2002), *Traité de tourismologie, pour une nouvelle science touristique*, Presses universitaires de Perpignan.
HOERNER Jean-Michel, SICART Catherine (2003), *La science du tourisme, Précis franco-anglais de tourismologie*, Ed. Balzac.

HOERNER Jean-Michel (2005), ≪Encore un pas vers la tourismologie≫, Paris, *Revue Espaces, Tourisme & Loisirs*, n° 227.

HOERNER Jean-Michel (2006), *Mémoires d'un nouveau touriste*, Ed. Balzac/CirVath.

HOERNER Jean-Michel (2007), *Géopolitique du capital*, Paris, Ellipses.

HOUELLEBECQ Michel (2001), *Plateforme* (roman), Paris, Flammarion.

HUNTINGTON Samuel P. (1997), *Le choc des civilisations*, Paris, Odile Jacob.

HURON David et SPINDLER Jacques (2003), *Le tourisme au 21ème siècle* (coordination de Jacques Spindler et d'Huguette Durand), Paris, L'Harmattan.

JARRY Alfred (1907), *La chandelle verte*.

KANT Emmanuel (1999), *Géographie*, Paris, Aubier.

KHOSROKHAVAR Farhad (2005), *Quand Al-Qaida parle*, Paris, Grasset.

KINDLEBERGER Charles P., LINDON Peter (1978), *Économie internationale*, Paris, Economica.

KNAFOU Rémy et al. (1997), ≪Une approche géographique du tourisme≫, *L'Espace géographique*, n° 3.

KNAFOU Rémy (avril 2005), ≪La recherche en tourisme s'organise≫, Paris, *Revue Espaces, Tourisme & Loisirs*, n° 225.

LA ROCHEFOUCAULD Beatrice de (2002), *Économie du tourisme*, Paris, Bréal.

LACOSTE Yves (2003), *De la géopolitique aux paysages, dictionnaire de la géographie*, Paris, Armand Colin/VUEF.

LACOSTE Yves (2006), *Géopolitique, la longue histoire d'aujourd'hui*, Paris, Larousse.

LACOSTE Yves (2006), *Géopolitique de la Méditerranée*, Paris, Armand Colin.

LANQUAR Robert (1983), *L'économie du tourisme*, coll. ≪Que sais-je?≫, n° 2065, Paris, PUF.

LANQUAR Robert (1989), *Le tourisme international*, coll. ≪Que sais-je?≫, n° 1694, Paris, PUF.

LAURENT Alain (nov.2004), ≪La longue marche du tourisme responsable vers le développement durable≫, Paris, *Revue Espaces, tourisme & loisirs*, n° 220.

LE BRIS Michel (1999), Texte de présentation, *Étonnants voyageurs*, Paris, Flammarion.

LIBAERT Thierry (juin 2002), ≪Crise et tourisme: dix recommandation pour maîtriser sa communication≫, Paris, *Risques et sécurité dans le tourisme et les loisirs, Les Cahiers Espaces*, n° 73.

LOZATO-GIOTART Jean-Pierre (1993), *Géographie du tourisme*, Paris, Masson géographie.

LOZATO-GIOTART Jean-Pierre (2003), *Géographie du tourisme: de l'espace consommé à l'espace maîtrisé*, Pearson Education.

MAILER Norman (2003), *Pourquoi sommes-nous en guerre ?*, Paris, Denoël.

MARRET Jean-Luc (2005), *Les Fabriques du Djihad*, Paris, PUF.

MERLIN Pierre (1988), *Géographie de l'aménagement*, Paris, PUF.

MERLIN Pierre (2001), *Tourisme et aménagement du territoire*, Paris, La Documentation Française.

MICHEL Franck (2000), *Désirs d'ailleurs*, Paris, Armand Colin.

MICHEL Franck (août 2006), «Vers un tourisme sexuel de masse?», *Le Monde diplomatique*.

MINISTÈRE DU TOURISME/MAISON DE LA FRANCE, *Plan marketing pour la France 1996-97*.

MORFAUX Louis-Marie (1980), *Vocabulaire de la philosophie et des sciences humaines*, Paris, Armand Colin.

MURAY Philippe (2000), *L'après-histoire II*, Les belles letters.

NIETZSCHE Friedrich (1879), «L'échelle des voyageurs», *Humain, trop humain II*, Opinions et sentences mêlées (228).

NIETZSCHE Friedrich (1881), *Ainsi parlait Zarathoustra*, I , 5.

NIETZSCHE Friedrich (1888), *L'Antéchrist*.

OMT (1995), *Guide pratique pour l'élaboration et l'emploi d'indicateurs de tourisme durable*, Madrid.

OMT (1999), *Développement durable du tourisme*, Madrid.

OMT (dec.1999), *Tourisme, horizon 2020*, Madrid.

OMT (2004), *La gestion de la saturation touristique des sites naturels et culturels (Manuel)* , Madrid.

ORIGET DU CLUZEAU Claude (oct.2000), «Contribution à la tourismologie», Paris, *Revue Espaces, Tourisme & Loisirs*, n° 175.

ORIGET DU CLUZEAU Claude, VICERIAT Patrick (2000), *Le tourisme des années 2010, « la mise en future de l'offre»*, Paris, La Documentation Française.

PAGNON-MAUDET Christine (1998), *La création et la reprise d'une entreprise hôtelière et touristique*, Paris, Ellipses.

PERRI Pascal, *Du monopole pur et dur aux compagnie low cost* (thèse inédite soutenue à l'Université de Perpignan en 2006).

PY Pierre (1992), *Le tourisme, un phénomène économique*, Paris, La Documentation

Française.

RACINE Pierre (1980), *Mission impossible*, Ed. Méridionales.

RAMONET Ignace (octobre 1996), ≪Chancelante démocratie≫, *Le monde Diplomatique*.

ROBINSON Clark (septembre 2005), ≪L'industrie mondiale des parcs de loisirs est en bonne santé≫, Paris,Les cahiers espaces, n° 86.

ROUILLARD Dominique (1984), *Le site balnéaire*, Liège/Bruxelles, Mardaga.

ROUSSEAU Jean-Jacques (1755), *Discours sur l'origine de l'inégalité*.

SALUZZI Canio (2001), ≪Yield Management et hôtellerie≫, *Les tendances de l'hôtellerie française*, PFK hotel-experts/Journal l'Hôtellerie.

SENGÈS Gilles (7 sept. 2005), Éditorial, *Les Echos*.

SLOTERDIJK Peter (2000), *Règles pour le parc humain*, Paris, Mille et une nuits/Fayard.

STEINER Pierre (1991), *Dans le château de Barbe-Bleue*, Paris, Gallimard.

TAGUIEFF Pierre-André (1996), ≪Le populisme≫, *Encyclopaedia Universalis*, Paris.

THIÉBAUT Dominique (juillet 2006), ≪Mieux vaut gagner à l'extérieur (un Mondial)≫, *Challenges*.

TIRASATAYAPITAK Aree, *Évaluation d'un développement de collaboration internationale du tourisme dans le Delta du Mékong (Sud-Est asiatique)*, thèse soutenue à l'Université de Perpignan, en 2005.

URBAIN Jean-Didier (1991), *L'idiot du voyage*, Paris, Plon.

URBAIN Jean-Didier (2002), *Les vacances*, Ed. Le Cavalier Bleu.

VAN GULIK Robert (1982), *Le pavillon rouge* (roman), Paris, Éditions 10/18.

VELLAS François (1992), *Le tourisme*, Paris, Economica/Cyclope.

VELLAS François, BARIOULET Hervé (2000), *À partir des indicateurs du tourisme durable*, Le Bourget.

VELLAS François (2002), *Economie et politique du tourisme international*, Paris, Economica.

VERLAQUE Christian (1987), *Le Languedoc-Roussillon*, Paris, PUF.

VOURC'H Anne (1992), ≪Synthèse des travaux sur la valorisation des grands sites≫, Paris, *Tourisme et environnement*, La Documentation Française.

事項索引

〔外国語略語〕

ADE	142
AMFORHT	67
bac + 5	111
B&B	108
CAC40	105
CDD	165
CDT	32
CETO	133
CNU	67
CPER	160
CRT	32,154
FNAC	152
FNIH	77
FRAM	90
GDS	81,86,88,91
HFS	94,107
IATA	80,132
ICHG	94
IFTH	144
INSEE	101,148
MIT	67
OMT	31
ONG	125
OPA	105
PACA	151
PJD	45
PLU	161
POS	161
RCI	96
RER	152
RIU	107
SCOT	160
SDF	15
SETO	133
SNAV	90
SRAS	25
TAK	40
TCE	109
TCP	109
TCS	109
TGV	80,151
TUI	88,89,107,108
TVA	110
TWA	86
UIOOPT	31
UIOOT	31
UMIH	77,110
UTA	80
ZAD	158

〔ア行〕

アヴァス　Havas	87
アヴィス　Avis	86
アウトバウンド観光　tourisme emetteur	32
アーカンドル　Arcandor	89
アグリツーリズム　agritourisme	125
アコー　Accor	36,87,94,95,105,106,115

175

—グループ　groupe Accor
　　　　　　　　　　96,104,105,114,123,136
アコレック　Acorec　36
アゴーン　agôn　75
アファ・ヴワィヤージュ　Afat Voyages
　　　　　　　　　　　　　　　　90
アマデウス　Amadeus　86
アメリカン・エアラインズ
　　American Airlines　80
アメリカン・エキスプレス
　　American Express　58,87,88,97
アメリカン航空　American Airways　80,86
アライアンス　Alliances　81
アルカイダ　Al-Qaida　41,47,131
アルモラヴィド　Almoravides　153

イージージェット　Easyjet　84
イスラム原理主義者
　　Les intégristes musulmans　156
イールドマネジメント
　　yield management　86
インターコンチネンタル・ホテルズ・グループ
　　Intercontinental Hotels Group　94
インバウンド観光　tourisme recepteur　32

ヴァウチャー　voucher　58
ヴィア　via　51
ヴィトン　Vuitton　152
ウインタースポーツ　sports d'hiver
　　　　　　　　　　　　　147,150
ウィンダム・ホテル・グループ
　　Wyndham Hotel Group　94
ウェルズ＆ファーゴ　Wells & Fargo　88
ヴワィヤージュ・Sncf・コム
　　Voyages-Sncf.com　91
ウンマ　oumma　42,46,164

エア・モーリシャス　Air Mauritius　122
英国航空　British Airways　86
エヴァソンホテル　hôtel Evason　126

エクスペディア　Expedia　91
エコシステム　écosystème　119,163
エコツーリズム　écotourisme　119,123,163
エコロジスト　écologiste　126,142
エール・アンテール　Air Inter　80
エールフランス　Air France　80,90
エレガンスグループ
　　le groupe Élegance　134
沿岸保存所　Conservatoire du littoral
　　　　　　　　　　　　　161,162

オービッツ　Orbitz　86
オーベルジュ　auberge　51,91,103
オポド　Opodo　86
オルナノ・ガイドライン
　　la directive d'Ornano　161

〔カ行〕

海岸法　la ley de costas　162
格安航空会社
　　Low Cost Carrier (LCC)　84
ガビオタ　Gaviota　36
ガリレオ　Galileo　86
カールシュタットクヴェレ
　　KarlstadtQuelle　89
カールソン・トラベル　Carlson Travel　88
カルティエ　Cartier　152
カルフール　Carrefour　90
観光科学　science touristique　i,66
観光売春　la prostitution touristique　152
キャピタル・ゲイン
　　plus-values boursières　158
銀行休暇法　Bank Holidays Act　59
金利生活者　rentier　22,49,55,61

クエ法　la méthode Coué　137
クオニ　Kuoni　58
クラフト・ドゥルヒ・フロイデ
　　Kraft durch Freude　59

176　　事項索引

クラブ・メッド　Club Med……36,90
グリーンツーリズム　tourisme vert
　……148,149
グロバット　Globat……96
グローバル流通システム　Les Global
　Distribution Systems（GDS）……86,88

ゲラン　Guerlain……152

公正発展党
　Parti Justice et Développement……45
国際観光　tourisme international
　……5,9,14,15,22,28,31-33,41,46,59,69,167,168
国内観光　domestic tourism
　……17,21,29,33,46
国民の観光　tourisme national……32
コロニー・キャピタル　Colony Capital
　……43,95
コンドル＆ネッカーマン
　Condor & Neckermann……57,89

〔サ行〕

サヴォイ　Savoy……57
サウスウエスト航空
　Southwest Airlines……81
サーキュラー・ノート　circular note……58
サベナ〔・ベルギー航空〕Sabena……80
山岳法　la loi montagne……162
山岳リゾート　stations montagnardes……145

ジェット・ツアーズ　Jet Tours……81
ジェマ・イスラミア　Jamaa Islamiya……9
シェラトン　Sheraton……96
ジェントリー　gentry……56
持続可能な観光　tourisme durable
　……119,123,124,128,133,138,163
ジハード　djihad……42
シャリーア　charia……42,47
シャリーフ　chérif……42,68
宗教観光　tourisme sacré……50

集団表象　représentation social……10,49,149
シュタンゲン　Stangen……58
植民地主義　colonialisme
　……ii,7,8,10,18,19,22,141
植民地主義者　coloniste……5,11,127,154,168
新植民地主義　néocolonialisme……7,10
人民戦線　le Front populaire……60,61

スイス航空　Swissair……80
スカイチーム　Skyteam……81
スーク　souks……45,155
スターアライアンス　Star Alliance……81
スターウッド・キャピタル
　Starwood Capital……94

セックスツーリズム　tourisme sexuel
　……37,46,124
セーバー　Sabre……86,91
セレクトゥール・ヴワィヤージュ
　Selectour Voyages……90
全国沿岸評議会
　Conseil national du littoral……162
専属観光　tourisme captif……25,119,167
センダント・コーポレーション
　Cendant Corp.……94,107

ソシエテ・デュ・ルーブル
　Société du Louvre……94
ソーシャルツーリズム
　tourisme social……58,60

〔タ行〕

タイ国際航空
　Thai Airways International……137
第三世界　tiers-monde……5
タックスヘイブン　paradis fiscal……122
ダブルバインド　double bind……63
タリバン　Talibans……47

177

地球サミット
　le sommet de la Terre 119,124
知的観光　tourisme intelligent 167
チープ・チケット　Cheap Tickets 86

ツアーオペレーター
　tour-opérateur 57,87,88,150

低開発国　pays sous-développés 5
ディズニーランド　Disneyland 78
デルタ航空　Delta Airlines 80,81,86
テロ　attentat 8,40,127,129,131,132
テロリスト　terroriste 8,9,40-42
テロリズム　terrorisme 8,41,42

トゥールコム　TourCom 90
都市観光　tourisme urbain 152,163
ドーポラボーロ　dopolavoro 59
トラヴェロシティー　Travelocity 86
トラベラーズチェック
　traveler-cheques 23
トランサヴィア　Transavia 84
トランス・ワールド航空
　Trans World Airlines 86
鳥インフルエンザ　la grippe aviaire 134

〔ナ行〕

内部観光　tourisme interne 32,46

ヌーヴェル・フロンティエール
　Nouvelles Frontières 80,89,90

〔ハ行〕

ハイアット・リージェンシー・ワイコロア
　Hyatt Regency Waikoloa 91
パッケージツアー　voyage à forfait
  88,122,133
ハッジ　hadj 153
バラット　Barratt 96

バ・ローヌ・ラングドック会社　Compagnie du Bas-Rhône et du Languedoc 158
ピエール＆バカンス　Pierre & Vacance
  96
ビザ　Visa 137
ヒズボラ　Hezbollah 131
ヒルトン　Hilton 96

ファースト・チョイス　First Choice 89
ファベーラ　favellas 139
ブイグ　Bouygue 36
フーケ・バリエール
　Fouquet's Barrière 152
フーゴ・ボス　Hugo Boss 152
フヌイヤール一族
　La famille Fenouillard 64
フュテューロスコープ　Futuroscope 153
ブルー・プラン　plan Azur 43
プレグナンツ　prégnance 7,15,120
プロイサク　Preussag 89
プロトラベル　Protravel 88

ベスト・ウェスタン　Best Western 93
ベデカー　Baedeker 57
ベネット　Bennett 58

ボッソン法　la loi Bosson 162
ホテルクーポン　coupons-hôtel 58
ホリデイ・イン　Holiday Inn 94

〔マ行〕

マイトラベル　MyTravel 89
マックスジェット　Maxjet 84
マリオット・インターナショナル
　Marriott International 94-96
マリッツ　Maritz 88
マリティム・ホテルチェーン
　la chaîne hôtelière Maritim 76
マルサンスグループ　groupe Marsans 128

マルマラ・エタプ・ヌーヴェル
　　　Marmara Étapes Nouvelles............90

ムスリム同胞団　Frères musulmans..........9
ムラービト朝　les Almoravides........153,156

メリア　Melia................................36
メリディアン　Méridien......................81

モーブッサン　Mauboussin..................152

〔ヤ行〕

ユナイテッド航空　United Airlines......81,86

〔ラ行〕

ライアンエア　Ryanair......................84
ラグーン　lagune......................158,160
ラシーヌ・ミッション　la Mission Racine
　　　......................152,157,159,160
ラストミニュット　Lastminute..............86
ラビオン　L'Avion..........................85

リアド　riads........................43,155
リスマ　Risma..............................43
リゾート・コンドミニアム・インターナショナル
　　　Resort Condominium International.....96
リゾート・プロパティーズ
　　　Resort Properties...................96
リッツ　Ritz..............................57

ルクレール　Leclerc........................90
ルック・ヴワィヤージュ　Look Voyages
　　　......................................90
ルノートゥル　Lenôtre......................76
ルフトハンザ　Lufthansa....................81

〔ワ行〕

ワゴン・リ社　Wagons-Lits..................58
ワッハーブ派　wahhabite....................47
ワールドカップ　la Coupe du monde.........74
ワールドスパン　Worldspan..................86
ワンワールド　Oneworld.....................81

179

人名索引

〔ア行〕

アイスラー、ニコル　Heissler, Nicole ……… 63
アベロエス　Averroès ……… 75
アリストテレス　Aristote ……… 13

ヴィアル、ジョルジュ　Vialle, Georges …… 86
ヴェラ、フランソワ　Vellas, Frannçois
　　……… 30, 124
ウエルベック、ミシェル
　　Houellebecq, Michel ……… 63, 129
ヴォル、ジャン＝ピエール
　　Volle, Jean-Pierre ……… 158
ウルバン、ジャン＝ディディエ
　　Urbain, Jean-Didier ……… 63, 149

エスコフィエ、オーギュスト
　　Escoffier, Auguste ……… 57

オシャー　Auscher ……… 22
オラタ、セルギウス　Orata, Sergius ……… 50
オリジェ・デュ・クリュゾー、クロード
　　Origet du Cluzeau, Claude ……… 67

〔カ行〕

カーズ、ジョルジュ　Cazes, Georges …… 123
ガドレー、ジャン　Gadrey, Jean ……… 78
ガロワ、ブリュノ　Gallois, Bruno …… 128, 129

クエ、エミール　Coué, Émile ……… 137
クシュナー、ベルナール
　　Kouchner, Bernard ……… 141
クック、トマス　Cook, Thomas …… 57, 62, 88
クナフー、レミー　Knafou, Rémy ……… 67
クラヴァル、ポール　Claval, Paul ……… 5
クラーク、コーリン・グラント
　　Clark, Colin Grant ……… 77

クリビエ、フランソワーズ
　　Cribier, Françoise ……… 33

ゲバラ、チェ　Guevara, Che ……… 42

コーエン、フィリップ　Cohen, Phillipe …… 45
コクトー、ジャン　Cocteau, Jean ……… 151
コルネイユ　Corneille ……… 53
コルバン、アラン　Corbin, Alain ……… 49

〔サ行〕

サルトル〔ジャン＝ポール〕
　　Sartre〔Jean-Paul〕……… 127

シカール、カトリーヌ　Sicart, Catherine
　　……… 67
ジダン、ジネダン　Zidane, Zinédine ……… 75
シャサーニュ、M.E.　Chassagne, M.E. …… 24
シャドフォー、ミシェル
　　Chadefaud, Michel ……… 139, 140
ジャリー、アルフレッド　Jarry, Alfred …… 21
ショーベル、ルイ　Chauvel, Louis …… 13, 65
シラク、ジャック　Chirac, Jacques
　　……… 132, 152
シルヴァーマン、ヘンリー
　　Silverman, Henry ……… 94

スタンダール　Stendhal ……… 54-56
スティーブンソン、ロバート
　　Stevenson, Robert ……… 56
ストローバン、ジャン＝ピエール
　　Stroobants, Jean-Pierre ……… 41
スローターダイク、ペーター
　　Sloterdijk, Peter ……… 4, 8, 21, 75, 76

ゾラ、エミール　Zola, Émile ……… 24

180　人名索引

〔タ行〕

タラモニ、ジャン・ギ
 Talamoni, Jean-Guy……162

テープファー、ロドルフ
 Töppfer, Rodolphe……64
デュシェ、ルネ Duchet, René……21-23
デュブリュル、ポール Dubrule, Paul……95
デュマ、アレクサンドル
 Dumas, Alexandre……22

ドゥエリー、ジャン＝ミシェル
 Dewailly, Jean-Michel……68,77,140
ドゥネセ、エリック Denécé, Éric
 ……41,42,131
ドゥフェール、ピエール Defert, Pierre
 ……144
ドゥローネ、アラン Delaunay, Alain……87
ドッズ、クラウス Dodds, Klaus……i
ドーデル、シルヴァン Daudel, Sylvain
 ……86
ドミンゴ、グザビエ Domingo, Xavier……25
トラオレ、アミナタ
 Traoré, Aminata……25,125,126
トリガノ、セルジュ Trigano, Serge……42

〔ナ行〕

ニーチェ、F.W. Nietzsche, F.W.……13,63,64

〔ハ行〕

パスカル Pascal……54
ハドリアヌス Hadrien……51
バリウレ、エルヴェ Barioulet, Hervé……124
ハンチントン、サミュエル・P
 Huntington, Samuel P.……10,21,37

ヒラリ、ミムン Hillali, Mimoun……7,22,24,68
ヒルトン、コンラッド
 Hilton, Conrad……61,95

ビン・ラディン、ウサマ
 Ben Laden, Oussama……41,42,46

ファノン、フランツ Fanon, Franz……125
ファン・ヒューリック、ロバート
 Van Gulik, Robert……52
フェラ、ロベール Ferras, Robert……158
フェリーニ、フェデリコ
 Fellini, Federico……60
ブッシュ、ジョージ・W
 Bush, George W.……37
フラ、エステル Fourat, Estelle……87
フランジアリ、フランチェスコ
 Frangialli, Francesco……31,126
プルースト、マルセル Proust, Marcel……57
ブルム、レオン Blum, Léon……60,61
プロシャスカ、ジェール
 Prochasca, Gerd……76
ブローデル、フェルナン
 Braudel, Fernand……66

ペトラルカ Pétrarque……63
ペリ、パスカル Perri, Pascal……80
ペリッソン、ジェラール
 Pélisson, Gérard……95
ペルー、フランソワ Perroux, François
 ……167
ベルコフ、アンドレ Bercoff, André……143
ベルジェール、ギ Berger, Guy……24
ベン・ジェルーン、ターハル
 Ben Jelloun, Tahar……45

ホスロハバール、ファルハード
 Khosrokhavar, Farhad……41
ポラクール、ボーキン Polakul, Bhokin
 ……136
ボワイエ、マルク Boyer, Marc
 ……55,56,59,62,64

〔マ行〕

マイヨー、ジャック　Maillot, Jacques
　……80,90,133,134
マレ、ジャン＝リュック
　Marret, Jean-Luc……41

ミオセック、ジャン＝マリー
　Miossec, Jean-Marie……65
ミシェル、フランク　Michel, Franck……37
ミュレイ、フィリップ
　Muray, Philippe……8,13,14,18,50

ムッソリーニ　Mussolini……22,122

メイエール、サビーヌ
　Meyer, Sabine……41,42,131
メイラー、ノーマン　Mailer, Norman……38
メルラン、ピエール　Merlin, Pierre
　……123,156

モハメド6世　Mohammed Ⅵ……43,45,153
モーヴ、ギ　Mauve, Guy……64

〔ラ行〕

ラグランジュ、レオ　Lagrange, Léo……60,61
ラコスト、イヴ　Lacoste, Yves
　……ii,3,16,38,157,179
ラシーヌ、ピエール　Racine, Pierre……158
ラビシュ、ウジェーヌ
　Labiche, Eugène……56
ランカー、ロベール　Lanquar, Robert
　……123

リトレ、エミール　Littré, Émile……55
リバエール、ティエリー
　Libaert, Thierry……130

レイカー、サー・フレディ
　Laker, Sir-Freddy……80

ロッカ・セラ、カミーユ・ド
　Rocca-Serra, Camille de……162

人名索引

地名索引

〔ア行〕

アガディール　Agadir ……………… 154
アカプルコ　Acapulco ………… 57,145
アテネ　Athènes …………………… 51
アルカション　Arcachon …………… 166
アルジュレ・シュル・メール
　　Argelès-sur-Mer ………………… 144
アンギャン・レ・バン　Enghien-les-Bains
　　……………………………………… 150
アンタルヤ　Antalya ……………… 40
アンマン　Amman ………………… 40

イスタンブール　Istanbul ………… 40
イベルナージュ　Hivernage ……… 154

ヴィシー　Vichy ……………… 56,145,150

エクス・レ・バン　Aix-les-Bains ……… 56
エコス　Écosse …………………… 58
エピダウロス　Épidaure …………… 51
エフェソス　Éphèse ……………… 51

オーステンデ　Ostende …………… 145
オート・テール　Hautes-Terres ……… 130
オルランド　Orlande ……………… 144

〔カ行〕

カイロ　Caire ……………………… 9,37
カオラック　Kao Lak ……………… 136
カサブランカ　Casablanca ………… 40
カブール　Cabourg ……………… 57,145
カンクン　Cancún ………………… 150
カンヌ　Cannes …………………… 57

クシャダス　Kusadasi ……………… 40

ケルン　Cologne ……………… 52,145

コス　Cos ………………………… 51
コスタ・ブラヴァ　Costa Brava ……… 43
コート・ヴェルメイユ　Côte Vermeille
　　……………………………………… 123
コルシカ島　Corse ………………… 162
コルティナ・ダンペッツォ
　　Cortina d'Ampezzo ……………… 146

〔サ行〕

サヴォワ　Savoie ………………… 56
ザルツブルク　Salzbourg ………… 145
サンティアゴ・デ・コンポステラ
　　Saint-Jacques-de-Compostelle …… 52
サントロペ　Saint-Tropez ………… 150
サンモリッツ　Saint-Moritz ……… 145
サン・レモ　San-Rémo ………… 57,145

ジェルバ　Djerba ………………… 40
────島　l'île de Djerba ……… 150
ジャマ・エル・フナ　Jemaâ-el-Fna …… 38
シャモニー　Chamonix …………… 145
シャルム・エル・シェイク
　　Charm el-Cheikh ………………… 40
シャンゼリゼ　Champs-Élysées …… 152
シャンパーニュ　Champagne ……… 52
ジュアン・レ・パン　Juan-les-Pins …… 150
新疆　Xinjiang …………………… 30

スパ　Spa ………………………… 56

ソフィア　Sofia …………………… 31

〔タ行〕

ダヴォス　Davos ………………… 145
タガズー　Taghazout ……………… 43

183

タナナリヴ	Tananarive	30
タバ	Taba	40
ダハブ	Dahab	40
タプロバネ	Taprobane	52
ディディメイオン	Didymeion	51
テオス	Téos	51
テュレアル	Tuléar	38
デルフォイ	Delphes	51
ドーヴィル	Deauville	57,145,150,151
ドドナ	Dodone	51
トリアラ	Toliara	38
トロア	Troyes	52

〔ナ行〕

ナミビア	Namibie	11
ナルボンヌ	Narbonne	158
ニース	Nice	57,145
ニーム	Nîmes	158
ヌサ・ドゥア	Nosa Dua	124
ノルマンディー海岸	les côtes normandes	22

〔ハ行〕

バイエス	Baïes	50
バース	Bath	145
バーデン・バーデン	Baden-Baden	145
バラデロ	Varadero	36
バリ	Bali	40
パリ	Paris	52,58
バルセロナ	Barcelone	52
パルメラ	Palmeraie	154
バレンシア	Valence	52,161
ビアリッツ	Biarritz	57,145,150
ビゴール	Bigorre	24

ピュティア	Pythie	51
プーケット	Phuket	126,135,150
ブライトン	Brighton	57,145
プロヴァン	Provins	52
プロンビエール	Plombières	56
ベジエ	Béziers	158
ペルピニャン	Perpignan	158
ベルリン	Berlin	74
ポワティエ	Poitiers	153

〔マ行〕

マグネシア	Magnésie	51
マグレブ	Maghreb	11,40
マダガスカル	Madagascar	38
マドリード	Madrid	31
マラケシュ	Marakech	38,43,67,75,145,153-156
マルセイユ	Marseille	52
マルマリス	Marmaris	40
ミレット	Milet	51
ムジェーヴ	Megève	146,150
ムルシア	Murcie	141,161
メッカ	La Mecque	153
メディナ	Médina	154
モーリシャス島	l'île Maurice	16
モルビアン湾	golfe du Morbihan	151
モン・ダルボワ	Mont d'Arbois	146
モンペリエ	Montpellier	152,158

〔ラ行〕

ラ・グランド・モット	La Grande-Motte	152,160
ラスベガス	Las Vegas	140

184　地名索引

ラフバラ　Loughborough……58	ルクソール　Louxor……10
ラ・ロシェル　La Rochelle……52	ル・トゥケ　Le Touquet……150
ラングドック・ルシヨン	ルルド　Lourdes……24,144
Languedoc-Roussillon……145,158,163	
	レスター　Leicester……58
リオデジャネイロ　Rio de Janeiro……119	レナニー　Rhénanie……56
リビエラ　Riviera……43,53	レ・ルス　Les Rousses……150
リムーザン　Limousin……16	
リュション　Luchon……145	ローマ　Rome……52,145
	ロンドン　Londres……52,58,131

185

《著者紹介》

米浪　信男（こめなみ　のぶお）
1948年　奈良県生まれ。
1975年　大阪市立大学大学院経済学研究科博士課程単位取得満期退学。
現　在　神戸国際大学経済学部教授。
専　攻　観光経済学、経済地理学。
著　書　『日本の産業構造と地域経済』（共著）大明堂、1997年。
　　　　『観光と地域経済』（単著）ミネルヴァ書房、2000年。
　　　　『観光事業論』（共著）ミネルヴァ書房、2001年。
　　　　『観光・娯楽産業論』（単著）ミネルヴァ書房、2004年。
　　　　『現代観光のダイナミズム』（単著）同文舘出版、2008年。
　　　　『現代観光コメンタール』（単著）同文舘出版、2012年。
　　　　『現代日本の資源問題』（共著）古今書院、2012年。

《検印省略》

平成27年9月20日　初版発行　　　　略称：観光地政学

観光の地政学

著　者　ジャン=ミシェル・エルナー
訳　者　米　浪　信　男
発行者　中　島　治　久

発行所　同文舘出版株式会社
東京都千代田区神田神保町1-41　〒101-0051
営業（03）3294-1801　　編集（03）3294-1803
振替 00100-8-42935 http://www.dobunkan.co.jp

Ⓒ N.KOMENAMI　　　　　　　　　　　製版：一企画
Printed in Japan 2015　　　　　印刷・製本：萩原印刷
ISBN978-4-495-38591-0

〈出版者著作権管理機構 委託出版物〉
本書の無断複製は著作権法上での例外を除き禁じられています。複製される場合は、そのつど事前に、出版者著作権管理機構（電話 03-3513-6969、FAX 03-3513-6979、e-mail: info@jcopy.or.jp）の許諾を得てください。